주여, 우리에게 오시어 당신의 은혜로 이끌어주소서

주여, 우리에게 오시어 당신의 사랑을 채워주소서

주여, 우리에게 오시어 당신의 평화를 누리게 하소서

일러두기

- 성서 표기와 인용은 『새번역』(2001)을 따랐습니다.
- 제시된 성서본문은 평일의 경우 세계 성공회 공동체에서 사용하는 주간성서정과Weekday Eucharistic Lectionary를, 주일의 경우 세계 다양한 교단에서 사용하는 개정성서정과Revised Common Lectionary를 따랐습니다.

『주여, 우리에게 오소서』를 펴내며

우리 내면 가장 깊은 곳에는
당신이 오시기를 바라는 갈망이 있습니다.
하지만 반복되는 절망과 기다림 속에서
우리는 당신이 정말 오시는지 의심합니다.
하지만 지금, 우리는 이 특별한 장소에서
우리보다 더 간절하게 당신을 바라는 사람들과
우리보다 더 끔찍한 절망을 겪은 사람들 가운데 있습니다.
대림절을 맞이한 당신의 교회와 자녀를 굽어살피소서.
이 희망의 계절, 우리는 너무나도 쉽게 지칩니다.
이 기다림의 계절, 우리의 분쟁과 다툼은
멈추지 않고 있습니다.
우리의 머리부터 발끝까지
오로지 당신께 집중하면서 기다릴 수 있도록
담담한 은총과 초조한 마음을 주소서.
당신을 기다리다 우리가 스스로
우리를 파괴하지 않을까 불안합니다.
당신의 강한 능력으로 우리에게 오소서.
당신의 약함과 겸손함으로 우리에게 오소서.

모든 순간 가운데 오셔서 만물을 새롭게 하소서.

- 월터 브루그만

『주여, 우리에게 오소서』는 독자 여러분들이 대림절기를 깊이 보내실 수 있도록 비아가 준비한 묵상집 겸 기도노트입니다.

대림절기는 성탄절 전 약 4주간 예수의 탄생과 다시 오심을 기다리는 교회력의 절기입니다. 이 기간 우리는 이미 오신 그리스도를 삶 속에 온전히 받아들이기 위해 우리 자신을 돌아보고, 이 세상을 궁극적으로 완성하는 그분의 시간을 고대하며 기쁨으로 하루를 만들어나갑니다.

물론, 현실은 어둡습니다. 그리고 우리의 나약함이 우리 안에 있는 빛을 보지 못하게 합니다. 혹은, 거부하게 합니다. 하지만 이러한 현실이, 현실을 만들어 내는 우리의 죄가 저 빛을 감출 수는 없습니다. 가둘 수도 없습니다. 그 빛은 2,000년 전 이 땅에 모습을 드러냈고 이 땅에 지울 수 없는 자신의 손길을 아로새겼습니다. 그리고 우리가 기쁠 때나 슬플 때나, 들떠 오를 때나 가라앉을 때나, 안정에 만족할 때나, 거짓 불안에 불만족스러워할 때나 늘, 변함없이 우리를 어루만지고 때로는 뒤흔듭니다. 그리하여 이 빛은 우리 안에 이미 자리한 영원의 흔적을 상기하고, 영원을 향한 갈망을 불러일으킵니다. 이러한 의미에서 대림절은 우리 안에 이미 자리한 영원의 흔적을 기억해내고 이 영원의 빛이 여전히 우리와 함께 있음을 기뻐하며 그 빛이 충만해지기를 고대하는 시간, 기억과 기쁨이라는 새로운 습관을 몸에 익히는 시간이라 할 수 있습니다. 빛이 이 세상에 왔기 때문입니다.

『주여, 우리에게 오소서』는 성탄의 의미를 묵상할 수 있는 성서정과와 본문들을 수록하여 독자 여러분이 대림절기와 성탄, 그리고 공현일(주현절)까지의 여정을 함께 할 수 있도록 짜여져 있습니다. 이 책이 우리의 기다림에 떨림을 줄 수 있게 되기를 바랍니다.

주님이 오십니다.
그가 우리를 위해 이 땅에 오십니다.

홀로 기도할 때

1. 당일 본문에 책 끈을 꽂고, 맨 앞의 기도문을 펍니다.
2. 침묵으로 기도를 준비합니다.
3. 기도문을 천천히 읽으며 기도합니다.
4. 성서 독서와 묵상 본문을 읽을 때 해당 날짜에 해당하는 페이지를 펍니다.
5. 성서 독서와 묵상 본문을 읽고 잠시 침묵합니다.
6. 자신의 묵상 내용을 '나의 묵상'에, 자신의 기도를 '나의 기도'에 적습니다. 잠시 침묵합니다.
7. 다시 기도문으로 돌아와 기도를 드리고 마칩니다.

함께 기도할 때

1. 인도자는 해당 날의 성서 구절과 묵상을 미리 읽고 준비합니다.
2. 공동체 기도는 기도 노트 앞에 있는 기도문을 활용하거나 적절한 다른 양식을 활용할 수도 있습니다.
3. 참여자들이 모두 모이면 침묵으로 기도를 시작합니다.
4. 이후 준비한 기도문에 따라 함께 기도합니다(기도문의 내용은 인도자의 판단에 따라 축약하거나 추가할 수 있습니다).
5. 순서에 따라 성서 독서와 묵상 본문을 읽고 잠시 침묵합니다.
6. 각자의 묵상 내용을 오른 편에 배치된 '나의 묵상'에 적고, 잠시 침묵합니다.
7. 인도자의 안내에 따라 돌아가며 자신이 적은 내용을 나눕니다(내용을 나눌 때, 다른 이들의 이야기를 교정하거나 판단하는 태도가 되지 않도록 주의합니다).*
8. 나눔이 끝나면 잠시 침묵하며 '나의 기도'를 적습니다. 묵상 나눔과 마찬가지로 각자의 기도를 나눕니다.*
9. 이후 기도문에 따라 함께 기도하고 마칩니다.

*은 참가자의 의향에 따라 하지 않을 수 있습니다.

기도문

대림절기 아침기도

시작송가

주여, 우리 입을 열어 주소서.

우리가 주님을 찬미하리이다.

주여, 우리를 어서 구원하소서.

우리를 속히 도와주소서.

영광이 성부와 성자와 성령께

처음과 같이 지금도 그리고 영원히, 아멘.

아래의 시편 중 하나를 선택합니다.

시편 95편

어서 와 주님께 기쁜 노래 부르자.

우리 구원의 바위 앞에서 환성을 올리자.

감사노래 부르며 그 앞에 나아가자.

노랫가락에 맞추어 환성을 올리자.

주님은 높으신 분,

모든 신들을 거느리시는 높으신 임금님,

깊고 깊은 땅 속도 그분 수중에,

높고 높은 산들도 그분의 것,

바다도 그의 것, 그분의 만드신 것,

굳은 땅도 그분 손이 빚어내신 것,

어서 와 허리 굽혀 경배드리자.

우리를 지으신 주님께 무릎을 꿇자.

그는 우리의 아버지, 우리는 그의 기르시는 백성,

이끄시는 양떼, 오늘 너희는 그의 말씀을 듣게 되리라.

영광이 성부와 성자와 성령께

처음과 같이 지금도 그리고 영원히, 아멘.

시편 100편

온 세상이여, 주님께 환성을 올려라.

마음도 경쾌하게 주님을 섬겨라.

기쁜 노래 부르며 그분께 나아가거라.

그분이 주님이심을 알아라.

그가 우리를 내셨으니, 우리는 그의 것, 그의 백성,

그가 기르시는 양떼들이다.

감사기도 드리며 성문으로 들어가거라.

찬양노래 부르며 뜰 안으로 들어가거라.

주님 어지시니 감사기도 드리며

　그 이름을 기리어라.

그의 사랑 영원하시니

　그 성실하심 대대에 이르리라.

영광이 성부와 성자와 성령께

　처음과 같이 지금도 그리고 영원히, 아멘.

오늘의 시편

오늘 날짜에 해당하는 시편 본문을 읽습니다.

시편 낭송 후에는 아래 송영을 합니다.

영광이 성부와 성자와 성령께

　처음과 같이 지금도 그리고 영원히, 아멘.

오늘의 성서

오늘 날짜에 해당하는 성서 본문을 읽습니다.

함께 기도할 때는 본문을 읽기 전 아래와 같이 안내합니다.

오늘의 성서는 (   )의 말씀입니다.

본문을 읽은 후 다음과 같이 말합니다.

주님의 말씀입니다.

주님께 감사합니다.

독서 후 송가

본문을 읽고 사가랴 송가를 합니다.

두 개의 본문을 읽은 경우, 처음 읽은 본문 후에는 사가랴 송가를,

두 번째 본문 후에는 이사야 첫째 송가를 합니다.

사가랴 송가(눅 1:68~79)

이스라엘의 거룩하신 주님을 찬미하여라!

그 백성을 돌아보시어 구원하시고,

우리를 위하여 주님의 종 다윗 가문에

전능하신 구세주를 세우셨습니다.

이는 주님께서 예로부터

예언자들을 통하여 말씀하신 것이며,

우리를 원수로부터 구하시고

그 손아귀에서 벗어나게 하려 하심입니다.

주께서 우리 조상들에게 자비를 베푸시어

그 거룩하신 언약을 기억하시고,

우리 조상 아브라함에게 맹세하신 대로

우리를 원수의 손에서 구해내셨습니다.

두려움 없이 주님을 섬기며

한 평생을 거룩하고 올바르게 살게 하셨습니다.

아가야, 너는 지극히 높으신 주님의 예언자가 되리니,

그분보다 앞서 그분의 길을 닦으며,

그분의 백성에게 그 구원을 알게 하여

주님의 용서하심을 얻게 하여라.

이는 주님의 인자하심 덕분이니

새벽빛이 위로부터 우리에게 비추시어

어둠과 죽음의 그늘 속에 사는 사람들에게 빛을 주시고

평화의 길로 이끌어 주시리라.

영광이 성부와 성자와 성령께

처음과 같이 지금도 그리고 영원히, 아멘.

이사야 첫째 송가(사 12:2~6)

진정 나를 구원하실 분은 주님이시니,

내가 그를 의지하고 두려워하지 않으리라.

주님은 나의 힘, 나의 노래이시며,

나의 구원이십니다.

그러므로 너희는 기뻐하며,

구원의 샘에서 물을 길으리라.

그 날, 너희는 이렇게 감사의 노래를 부르리라.

주님께 감사하여라. 그의 이름을 외쳐 불러라.

그가 하신 큰 일을 만민에게 알려라,

그 높으신 이름을 잊지 않게 하여라.

그가 큰 일을 하셨으니 주님을 찬양하며,

그 모든 일을 온 세상에 알려라.

수도 시온아, 기뻐 외쳐라.

너희가 기릴 분은 이스라엘 거룩하신 분이시다.

영광이 성부와 성자와 성령께

처음과 같이 지금도 그리고 영원히, 아멘.

묵상과 기도 나눔

읽은 본문을 묵상합니다. 함께 기도했다면 묵상 후 나눔을 할 수 있습니다.

이후 각자가 속한 전통에 따라 사도신경을 고백하고, 주기도문을 드립니다.

아침을 맞으며 드리는 기도

전능하시고 영원하신 주님,

지난 밤에도 우리를 지켜주셨나이다.

비오니, 우리가 오늘 하루의 삶에서

주님의 뜻을 이루도록 이끄시고,

우리를 보호하시어 죄에 빠지지 않게 하시며,

모든 어려움에서 구하소서.

우리 주 예수 그리스도의 이름으로 기도하나이다. 아멘.

끝기도

우리 주 예수 그리스도의 은총과,

거룩하신 아버지의 끝이 없는 사랑과,

모두를 하나 되게 하시는 성령의 역사가

우리 모두와 함께 하소서.

아멘.

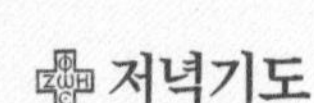

저녁기도

시작송가

주여, 우리 입을 열어 주소서.

우리가 주님을 찬미하리이다.

주여, 우리를 어서 구원하소서.

우리를 속히 도와주소서.

영광이 성부와 성자와 성령께

처음과 같이 지금도 그리고 영원히, 아멘.

은혜로운 빛이여

은혜로운 빛이여,

하늘에 계시며 영원하신 성부의 찬란한 빛이여,

거룩하시고 복되시도다. 주 예수 그리스도여!

해 저무는 이 때에, 우리는 황혼 빛을 바라보며,

주님께 찬양의 노래를 부르나이다.

하나이신 성부 성자 성령이여!

주님은 언제나 찬양 받으시기에 합당하시오니,

생명을 주시는 성자여,

온 세상으로부터 영광 받으소서.

오늘의 시편

오늘 날짜에 해당하는 시편 본문을 읽습니다(아침기도에서 읽었다면 생략할 수 있습니다). 시편 낭송 후에는 아래 송영을 합니다.

영광이 성부와 성자와 성령께

처음과 같이 지금도 그리고 영원히, 아멘.

오늘의 성서

오늘 날짜에 해당하는 성서 본문을 읽습니다.

함께 기도할 때는 본문을 읽기 전 아래와 같이 안내합니다.

오늘의 성서는 (   )의 말씀입니다.

본문을 읽은 후 다음과 같이 말합니다.

주님의 말씀입니다.

주님께 감사합니다.

독서 후 송가

마리아의 노래(눅 1:46~55)

내 영혼이 주님을 찬양하오며,

내 마음이 나를 구원하신 주님을 기뻐합니다.

주님께서 여종의 비천함을 돌보셨으니,

이제부터 온 백성이 나를 복되다 할 것입니다.

전능하신 분께서 내게 큰 일을 행하셨으니

주님의 이름 거룩하십니다.

주님을 두려워하는 이들에게는

대대로 구원의 자비를 베푸십니다.

주님께서 전능하신 팔을 펼치시어,

마음이 교만한 자들을 흩으셨습니다.

권세 있는 자들을 그 자리에서 내치시고,

보잘것없는 이들을 높이셨습니다.

굶주린 사람을 좋은 것으로 배불리시고,

부유한 사람을 빈손으로 돌려보내셨습니다.

주님은 약속하신 자비를 기억하시어,

주님의 종 이스라엘을 도우셨습니다.

주님께서 우리 조상들에게 약속하신 대로,

아브라함과 그 후손에게 영원토록 자비를 베푸십니다.

영광이 성부와 성자와 성령께

처음과 같이 지금도 그리고 영원히, 아멘.

성탄 일주일 전인 12월 17일부터는 해당하는 날짜의 송영으로 마칩니다.

12월 17일: 오, 지혜, 지극히 높으신 분에게서 나오신
만물의 주재이신 지혜의 주님,
오시어 우리에게 현명함을 가르치소서.

12월 18일: 오, 우리의 주인 되시는 분,
모세에게 나타나시어
율법을 주신 이스라엘의 주님,
오시어 넓은 팔을 뻗어 우리를 구원하소서.

12월 19일: 오, 이새의 뿌리, 만민을 구할 표징이 되시는
주님, 당신 앞에서 왕들은 잠잠하며, 온 나라
가 당신께 간구하오니,
오시어 우리를 속히 구원하소서.

12월 20일: 오, 다윗의 열쇠, 이스라엘의 기둥.

닫힌 모든 것을 여시고,

닫으신 모든 것은 굳게 잠기게 하시는 주님,

오시어 어둠 속에 있는 이들과

죽음의 그림자에 갇힌 이들을 풀어내소서.

12월 21일: 오, 새벽별,

찬란한 광채이시며 정의의 태양이신 주님,

오시어 어둠 속에 있는 이들과

죽음의 그림자에 갇힌 이들을 비추소서.

12월 22일: 오, 만왕의 왕,

흩어진 것을 하나로 모으시는 주님,

오시어 당신께서 손수 만드신 인간을 구원하소서.

12월 23일: 오, 임마누엘,

우리의 왕이시며 우리의 주권자이신 주님,

열방의 희망이시며 모든 이들을

구원하시는 주님,

오시어 우리를 구하소서. 주여, 우리를 구하소서.

묵상과 기도 나눔

읽은 본문을 묵상합니다. 함께 기도했다면 묵상 후 나눔을 할 수 있습니다.

이후 각자가 속한 전통에 따라 사도신경을 고백하고, 주기도문을 드립니다.

하루를 마치며 드리는 기도

살아있는 모든 이들의 생명이시며,
믿는 이들의 빛이시며,
일하는 이들의 힘이시며,
죽은 이들의 안식이 되시는 주님,
우리에게 주신 오늘을 마치며 주님께 구하오니,
오늘 밤에도 우리를 보호하시고,
복된 내일을 허락하소서.
삶의 모든 순간, 우리의 정결한 마음과
올바른 판단과 의로운 행동은
당신께로부터 오는 것이니,
우리가 당신의 계명을 순종하여
그 안에서 평화를 누리게 하소서.
우리를 위해 죽으시고 부활하신
우리 주 예수 그리스도의 이름으로 기도하나이다. 아멘.

끝기도

우리 주 예수 그리스도의 은총과,

거룩하신 아버지의 끝이 없는 사랑과,

모두를 하나 되게 하시는 성령의 역사가

우리 모두와 함께 하소서.

아멘.

12월 24일 **성탄 전 아침기도**

여는 시편(시 57:8~11)

내 영혼아, 잠을 깨어라,

비파야, 거문고야, 잠을 깨어라.

잠든 새벽을 흔들어 깨우리라.

주여, 당신을 뭇 백성 가운데에서 찬양하리이다.

뭇 나라 가운데에서 당신께 노래하리이다.

당신의 크신 사랑 하늘에까지 미치고,

당신의 미쁘심은 구름에 닿았습니다.

주여, 하늘 높이 나타나시어

당신의 영광을 이 땅에 떨치소서.

사가랴의 예언

본문을 읽기 전, 아래 구절을 낭독하거나 묵상합니다.

당신을 경외하는 자에게는 구원이 정녕 가까우니

그의 영광이 우리 땅에 깃들이시리라.

아래 본문을 낭독하거나 묵상합니다.

요한의 아버지 사가랴가 성령으로 충만하여, 이렇게 예언하였다. "이스라엘의 주님은 찬양받으실 분이시다. 그는 자기 백성을 돌보아 속량하시고, 우리를 위하여 능력 있는 구원자를 자기의 종 다윗의 집에 일으키셨다. 예로부터 자기의 거룩한 예언자들의 입으로 주님께서 말씀하신 대로 우리를 원수들에게서 구원하시고, 우리를 미워하는 모든 사람들의 손에서 건져내셨다. 주님께서 우리 조상에게 자비를 베푸시고, 자기의 거룩한 언약을 기억하셨다. 이것은 주님께서 우리에게 주시려고 우리 조상 아브라함에게 하신 맹세이니, 우리를 원수들의 손에서 건져주셔서 두려움이 없이 주님을 섬기게 하시고, 우리가 평생 동안 주님 앞에서 거룩하고 의롭게 살아가게 하셨다. 아가야, 너는 더없이 높으신 분의 예언자라 불릴 것이니, 주님보다 앞서 가서 그의 길을 예비하고, 죄 사함을 받아서 구원을 얻는 지식을 그의 백성에게 가르쳐 줄 것이다. 이것은 우리 주님의 자비로운 심정에서 오는 것이다. 그는 해를 하늘 높이 뜨게 하셔서, 어둠 속과 죽음의 그늘 아래에 앉아 있는 사람들에게 빛을 비추게 하시고, 우리의 발을 평

화의 길로 인도하실 것이다." (눅 1:67~79)

당신을 경외하는 자에게는 구원이 정녕 가까우니
그의 영광이 우리 땅에 깃들이시리라.

묵상과 기도 나눔

읽은 본문을 묵상합니다. 함께 기도했다면 묵상 후 나눔을 할 수 있습니다. 이후 각자가 속한 전통에 따라 사도신경을 고백하고, 주기도문을 드립니다.

성탄을 기다리는 아침기도

내 영혼아, 잠잠히 주님만을 기다려라.
나의 희망은 오직 그분께 있다. (시 62:5)

기다리는 주여, 속히 오소서.
오셔서 주님의 크신 사랑과 은총으로
우리를 무거운 죄의 사슬에서 풀어주시고,
주님께서 정하신 길을 달려가게 하시어
구원의 기쁨을 맛보게 하소서.
어둠을 물리치시는 참 빛이신
예수 그리스도의 이름에 의지하여 기도하나이다. 아멘.

끝기도

세상을 비추시는 우리 주 예수 그리스도의 은총과,

아들을 보내신 아버지의 흘러넘치는 사랑과,

구원을 이루어가시는 성령의 역사가

주님의 오심을 간절히 기다리는

우리 모두와 함께 하소서.

아멘.

12월 24일 **성탄 밤 기도**

전통적으로 교회는 해가 지는 시간부터 하루가 시작한다고 보았습니다.

이에 12월 24일 밤을 '성탄 밤'이라고 불렀습니다.

그래서 12월 24일 저녁 기도는 성탄일의 첫 전례가 됩니다.

여는 시편(시 67편)

주여, 우리를 어여삐 보시고, 복을 내리소서.
웃는 얼굴을 우리에게 보여주소서.
세상이 당신의 길을 알게 하시고
만방이 당신의 구원을 깨닫게 하소서.
당신께서 열방을 공평하게 다스리시고
온 세상 백성들을 인도하심을
만백성이 기뻐 노래하며 기리게 하소서.
주여, 백성들이 당신을 찬양하게 하소서.
만백성이 당신을 찬양하게 하소서.
주여, 우리에게 복을 내리소서.
온 세상 땅 끝까지 당신을 두려워하게 하소서.

성탄 밤 시편(시 96편)

새 노래로 주님께 노래하여라.

온 땅아, 주님께 노래하여라.

주님께 노래하며, 그 이름에 영광을 돌려라.

그의 구원을 날마다 전하여라.

그의 영광을 만국에 알리고

그가 일으키신 기적을 만민에게 알려라.

주님은 위대하시니, 그지없이 찬양 받으실 분이시다.

어떤 신들보다 더 두려워해야 할 분이시다.

만방의 모든 백성이 만든 신은 헛된 우상이지만,

주님은 하늘을 지으신 분이시다.

주님 앞에는 위엄과 영광이 있고,

주님의 성소에는 권능과 아름다움이 있다.

만방의 민족들아, 주님을 찬양하여라.

주님의 영광과 권능을 찬양하여라.

주님의 이름에 어울리는 영광을 주님께 돌려라.

예물을 들고, 성전 뜰로 들어가거라.

거룩한 옷을 입고, 주님께 경배하여라.

온 땅아, 그 앞에서 떨어라.

모든 나라에 이르기를

“주님께서 다스리시니,

세계는 굳게 서서, 흔들리지 않는다.

주님이 만민을 공정하게 판결하신다” 하여라.

하늘은 즐거워하고, 땅은 기뻐 외치며,

바다와 거기에 가득 찬 것들도 다 크게 외쳐라.

들과 거기에 있는 모든 것도 다 기뻐하며 뛰어라.

그러면 숲 속의 나무들도 모두 즐거이 노래할 것이다.

주님이 오실 것이니,

주님께서 땅을 심판하러 오실 것이니,

주님은 정의로 세상을 심판하시며,

그의 진실하심으로 뭇 백성을 다스리실 것이다.

영광이 성부와 성자와 성령께,

처음과 같이 지금도 그리고 영원히. 아멘.

성탄 밤 성서독서

많은 이들 앞에서

주께서 나를 구원하신 기쁜 소식을 전하나이다.

내가 입을 다물고 있을 수 없음을 주께서는 아시나이다.

아래 본문을 낭독하거나 묵상합니다.

어둠 속에서 고통받던 백성에게서 어둠이 걷힐 날이 온다. 옛적에는 주님께서 스불론 땅과 납달리 땅으로 멸시를 받게 버려두셨으나, 그 뒤로는 주님께서 서쪽 지중해로부터 요단 강 동쪽 지역에 이르기까지, 그리고 이방 사람이 살고 있는 갈릴리 지역까지, 이 모든 지역을 영화롭게 하실 것이다. 어둠 속에서 헤매던 백성이 큰 빛을 보았고, 죽음의 그림자가 드리운 땅에 사는 사람들에게 빛이 비쳤다. "주여, 주님께서 그들에게 큰 기쁨을 주셨고, 그들을 행복하게 하셨습니다. 사람들이 곡식을 거둘 때 기뻐하듯이, 그들이 주님 앞에서 기뻐하며, 군인들이 전리품을 나눌 때 즐거워하듯이, 그들이 당신 앞에서 즐거워합니다. 당신께서 미디안을 치시던 날처럼, 그들을 내리누르던 멍에를 부수시고, 그들의 어깨를 짓누르던 통나무와 압제자의 몽둥이를 꺾으셨기 때문입니다. 침략자의 군화와 피묻은 군복이 모두 땔감이 되어서, 불에 타 없어질 것이기 때문입니다." 한 아기가 우리를 위해 태어났다. 우리가 한 아들을 모셨다. 그는 우리의 통치자가 될 것이다. 그의 이름은 '놀라우신 조언자', '전능하신 분', '영존하

시는 아버지', '평화의 왕'이라고 불릴 것이다. (사 9:1~6)

많은 이들 앞에서

주께서 나를 구원하신 기쁜 소식을 전하나이다.

내가 입을 다물고 있을 수 없음을 주께서는 아시나이다.

모든 사람에게 주님의 구원의 은혜가 나타났습니다. 그 은혜는 우리를 교육하여, 경건하지 않음과 속된 정욕을 버리고, 지금 이 세상에서 신중하고 의롭고 경건하게 살게 합니다. 그래서 우리는 복된 소망 곧 위대하신 아버지와 우리 구주 예수 그리스도의 영광이 나타나기를 고대합니다. 그리스도께서는 우리를 위하여 자기 몸을 내주셨습니다. 그것은 우리를 모든 불법에서 건져내시고, 깨끗하게 하셔서, 선한 일에 열심을 내는 백성으로 삼으시려는 것입니다. (딛 2:11~14)

많은 이들 앞에서

주께서 나를 구원하신 기쁜 소식을 전하나이다.

내가 입을 다물고 있을 수 없음을 주께서는 아시나이다.

그 때에 아우구스투스 황제가 칙령을 내려 온 세계가 호적 등록을 하게 되었는데, 이 첫 번째 호적 등록은 구레뇨가 시리아의 총독으로 있을 때에 시행한 것이다. 모든 사람이 호적 등록을 하러 저마다 자기 고향으로 갔다. 요셉은 다윗 가문의 자손이므로, 갈릴리의 나사렛 동네에서 유대에 있는 베들레헴이라는 다윗의 동네로, 자기의 약혼자인 마리아와 함께 등록하러 올라갔다. 그 때에 마리아는 임신 중이었는데, 그들이 거기에 머물러 있는 동안에, 마리아가 해산할 날이 되었다. 마리아가 첫 아들을 낳아서, 포대기에 싸서 구유에 눕혀 두었다. 여관에는 그들이 들어갈 방이 없었기 때문이다. 그 지역에서 목자들이 밤에 들에서 지내며 그들의 양 떼를 지키고 있었다. 그런데 주님의 한 천사가 그들에게 나타나고, 주님의 영광이 그들을 두루 비추니, 그들은 몹시 두려워하였다. 천사가 그들에게 말하였다. "두려워하지 말아라. 나는 온 백성에게 큰 기쁨이 될 소식을 너희에게 전하여 준다. 오늘 다윗의 동네에서 너희에게 구주가 나셨으니, 그는 곧 그리스도 주님이시다. 너희는 한 갓난아기가 포대기에 싸여, 구유에 뉘어 있는 것을 볼 터인데, 이것이 너희에게 주는 표징이다." 갑자기 그 천사와 더불어 많은 하늘 군대가 나타나서, 주를 찬양하여 말하였다. "더없이 높은 곳에서는 주께 영광이요, 땅에서는 그분께서 좋아하시는 사람

들에게 평화로다." 천사들이 목자들에게서 떠나 하늘로 올라간 뒤에, 목자들이 서로 말하였다. "베들레헴으로 가서, 주님께서 우리에게 알려주신 바, 일어난 그 일을 봅시다." 그리고 그들은 급히 달려가서, 마리아와 요셉과 구유에 누워 있는 아기를 찾아냈다. 그들은 이것을 보고 나서, 이 아기에 관하여 자기들이 들은 말을 사람들에게 알려 주었다. 이것을 들은 사람들은 모두 목자들이 그들에게 전해준 말을 이상히 여겼다. 마리아는 이 모든 말을 고이 간직하고, 마음 속에 곰곰이 되새겼다. 목자들은 자기들이 듣고 본 모든 일이 자기들에게 일러주신 그대로임을 알고, 돌아가면서 주님께 영광을 돌리며 그를 찬미하였다. (눅 2:1~20)

주님께서 오신다.
그가 땅을 심판하러 오시니,
주님 앞에 환호성을 올려라.
그가 정의로 세상을 심판하시며,
뭇 백성을 공정하게 다스리실 것이다.

묵상과 기도 나눔

묵상곡 QR코드

읽은 본문을 묵상합니다(QR코드를 통해 성가를 들으며 묵상할 수 있습니다). **함께 기도했다면 묵상 후 나눔을 할 수 있습니다. 이후 각자가 속한 전통에 따라 사도신경을 고백하고, 주기도문을 드립니다.**

성탄 밤에 드리는 기도

새 노래로 주님을 찬양하여라. 놀라운 기적들을 이루셨다. 그의 오른손과 거룩하신 팔로 승리하셨다. 주께서 그 거두신 승리를 알려주시고 당신의 정의를 만백성 앞에 드러내셨다. 이스라엘 가문에 베푸신다던 그 사랑과 그 진실을 잊지 않으셨으므로 땅 끝까지 모든 사람이 우리 주님의 승리를 보게 되었다. (시 98:3)

주여, 주께서는 거룩한 밤을 참 빛으로 비추시고, 우리에게 구원의 희망을 나타내셨나이다. 비오니, 우리로 하여금 이 빛을 세상에 전하게 하시어 온 세상이 주님의 빛으로 가득하게 하소서. 세상을 비추시는 예수 그리스도의 이름으로 기도하나이다. 아멘.

끝기도

세상을 비추시는 우리 주 예수 그리스도의 은총과,

아들을 보내신 아버지의 흘러넘치는 사랑과,

구원을 이루어가시는 성령의 역사가

우리 모두와 함께 하소서.

아멘.

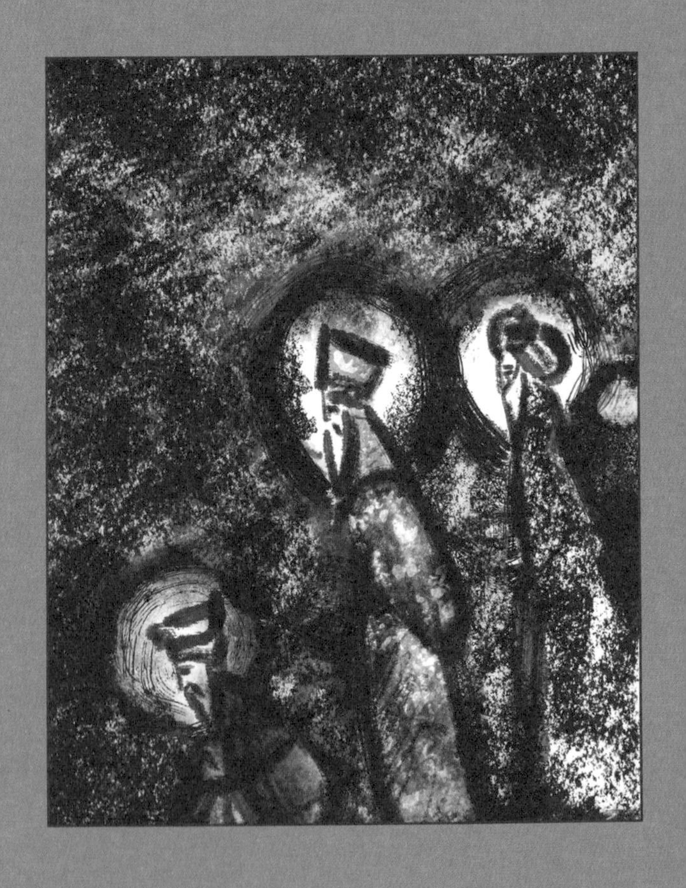

동방에서 박사들 귀한 예물 가지고
산을 넘고 물을 건너 별따라 왔도다

오, 탄일밤의 밝은 별, 아름답고 빛난 별
아기 예수 계신 곳에 우리 인도하여라

우리의 영혼을 양육하는 유일한 스승은
오직 그분뿐입니다.
그리스도는 각각의 수준과 성향에 맞추어
모든 영혼을 길러내십니다.
어느 곳이든지, 주님께서는 생명을 불어넣는
그분의 신비를 가져다주십니다.
그분께서 주시는 신비는 마치 내 집처럼 포근하게,
이 세계와 저 세계를 함께 엮으며
우리에게 다가옵니다.

이른바 "순수한 영성" 따위를 찾아 헤매는
오만한 사람에게 이만한 교훈은 없습니다.
그분은 오만한 이들이 생각하는 것처럼
추상적이고 난해한 분이 아닙니다.
그분은 모두가 이 신비를 알도록
비유로 말씀하시고, 계시를 주십니다.
모든 사람에게 다가가시되 지나치심이 없고,
몰아세우지도 않으시며, 이해시키기 위해
조급해하지도 않으십니다.

우리는 서두르지 않으면서도 지체하지 않는,
장인과 같은 그분의 속도와 리듬을 익혀야 합니다.

그리스도는 당신의 진리를 기꺼이 계시하심으로써
우리 영혼이 그분의 신비를 맞이할 준비를
갖추도록 하시고,
그 다음에는 그저 은총에 맡기십니다.

그저 은총이 역사하여 우리를 이끌도록,
우리에게 넉넉한 자비심과 함께 빛을 가져다주도록
맡기시고 결과를 궁금해하지 않으십니다.

그리스도는
"보라, 내가 이리도 많은 영혼을 구원했구나"라고
자랑하지 않으십니다.
자기 공로를 거두기 위해 애쓰지 않고
그분의 은총에 맡기는 것,
그것이 십자가 곁에서의 자기-비움입니다.

- 이블린 언더힐

대림

제1주

✵ 성서정과

렘 33:14~16 / 시 25:1~10 / 살전 3:9~13 / 눅 21:25~36

주님, 내 영혼이 주님을 기다립니다.

나의 주님, 내가 주님께 의지하였으니,

내가 부끄러움을 당하지 않게 하시고

내 원수가 나를 이기어 승전가를 부르지 못하게 해주십시오.

주님을 기다리는 사람은 수치를 당할 리 없지만,

함부로 속이는 자는 수치를 당하고야 말 것입니다.

주님, 주님의 길을 나에게 보여 주시고,

내가 마땅히 가야 할 그 길을 가르쳐 주십시오.

주님은 내 구원의 주님이시니,

주님의 진리로 나를 지도하시고 가르쳐 주십시오.

나는 종일 주님만을 기다립니다.

주님, 먼 옛날부터 변함 없이 베푸셨던,

주님의 긍휼하심과 한결 같은 사랑을 기억하여 주십시오.

내가 젊은 시절에 지은 죄와 반역을 기억하지 마시고,

주님의 자비로우심과 선하심으로 나를 기억하여 주십시오.

주님은 선하시고 올바르셔서,

죄인들이 돌이키고 걸어가야 할 올바른 길을 가르쳐 주신다.

겸손한 사람을 공의로 인도하시며,

겸비한 사람에게는 당신의 뜻을 가르쳐 주신다.

주님의 언약과 계명을 지키는 사람을 진실한 사랑으로 인도하신다.

(시 25:1~10)

묵상

두렵고도 떨리는 어떤 영적 사건이 일어났습니다. 그 사건은 주님과 주님께서 창조하신 우주의 본질이 무엇인지 드러냈습니다. 겉으로 보기엔 별 것 아닌 일처럼 보입니다. 사람들이 본 것은 거룩하신 아버지의 뜻에 무조건 복종할 수밖에 없었던 가련한 소녀와 어려운 환경에서 태어난 아기뿐이었습니다. 겉으로 드러난 이 모습과 내면의 실재 사이의 대비가 우리를 향한 주님의 모든 다가오심에 있는 진실입니다. 지상의 모습으로 변장한 그분의 다가오심을 모두 다 알아차리려면, 우리는 반드시 깊이 사랑하고 항상 깨어 있어야 합니다. 매번 그분은 우리가 예기치 않은 방식으로 다가오시고, 자신을 드러내십니다. 영적인 삶은 주님에게 다가가는 우리보다는, 우리에게 다가오시는 주님에게 의존합니다.

— 이블린 언더힐

나의 묵상

나의 기도

성서정과

사 2:1~5 / 시 122 / 마 8:5~12

예루살렘에 평화가 깃들도록 기도하여라.

"예루살렘아, 너를 사랑하는 사람들에게 평화가 있기를,

네 성벽 안에 평화가 깃들기를, 네 궁궐 안에 평화가 깃들기를 빈다" 하여라.

내 친척과 이웃에게도 "평화가 너에게 깃들기를 빈다" 하고 축복하겠다.

주의 집에 복이 깃들기를 빈다. (시 122:6~9)

묵상

'평화의 왕' 주님이 사랑으로 인간에게 오셔서 인간과 하나가 되는 곳에서 주님과 사람, 사람과 사람 사이에 평화가 맺어집니다. 구유에 누이신 아기께 가십시오. 그리고 거기에서 주님이 주시는 평화를 누리십시오. 당신이 형제와 투기와 미움으로 반목하고 있다면 얼마나 순전한 사랑으로 그리스도께서 우리 형제가 되었고 우리 사이를 화해시키시는지 여기에 와서 보십시오. 세상은 폭력이 지배하지만, 이 아기는 평화의 왕이십니다. 그분이 있는 곳에는 평화가 지배합니다.

— 디트리히 본회퍼

나의 묵상

나의 기도

성서정과

사 11:1~10 / 시 72:1~4,18~19 / 눅 10:21~24

그 때에는, 이리가 어린 양과 함께 살며, 표범이 새끼 염소와 함께 누우며, 송아지와 새끼 사자와 살진 짐승이 함께 풀을 뜯고, 어린 아이가 그것들을 이끌고 다닌다. 암소와 곰이 서로 벗이 되며, 그것들의 새끼가 함께 눕고, 사자가 소처럼 풀을 먹는다. 젖먹는 아이가 독사의 구멍 곁에서 장난하고, 젖뗀 아이가 살무사의 굴에 손을 넣는다. "나의 거룩한 산 모든 곳에서, 서로 해치거나 파괴하는 일이 없다." 물이 바다를 채우듯, 주님을 아는 지식이 땅에 가득하기 때문이다. (사 11:6~9)

묵상

주님, 당신의 나라가 임해야 할 때입니다. 우리는 간절한 마음과 크나큰 두려움을 가지고 당신을 기다립니다. 당신이 생각하는 불의는 우리가 생각하는 불의와 일치하지 않을 수 있기 때문입니다. 우리 삶의 진정한 주인은 당신임을 알고 있습니다. 당신의 사랑의 빛을 우리가 보기 한참 전부터 당신은 영원한 사랑으로 우리의 구원을 준비하셨음을 알고 있습니다. 그래서 우리는 먼 옛날 연약한 아기의 몸으로 온, 만물을 새롭게 하는 당신을 기다립니다.

— 월터 브루그만

나의 묵상

나의 기도

성서정과

사 25:6~10상 / 시 23 / 마 15:29~37

주께서 죽음을 영원히 멸하신다. 주께서 모든 사람의 얼굴에서 눈물을 말끔히 닦아 주신다. 그의 백성이 온 세상에서 당한 수치를 없애 주신다. 이것은 주님께서 하신 말씀이다. 그 날이 오면, 사람들은 이런 말을 할 것이다. 바로 이분이 우리의 주님이시다. 우리가 주를 의지하였으니, 그가 우리를 구원하신다. 바로 이분이 주님이시다. 우리가 주님을 의지한다. 우리를 구원하여 주셨으니 기뻐하며 즐거워하자. 주님께서 시온산을 보호하신다. (사 25:8~10)

묵상

예수께서는 지금 우리를 위해 울고 계십니다. 바로 저와 여러분을 위해서 말입니다. 누가 여러분을 위해 울어 준 적이 있습니까? 어머니가 여러분의 행동에 실망하여 우신 적은 없나요? 아버지가 곤경에 빠진 여러분 때문에 우신 적은 없나요? 혹시 아버지에게 학대당한 딸이 울고 있지는 않나요? 잘못한 것도 없이 아버지에게 공연히 야단맞고 속이 상한 아들이 울고 있지는 않습니까? 전쟁터에서 혹은 비행기 사고로 죽은 친구 때문에, 약물에 손을 댄 자식 때문에, 퇴학당한 손자 때문에 울지는 않았나요? 끔찍한 짓을 저지른 어떤 이 때문에 눈물

흘리지는 않았나요? 이 모든 눈물과 곳곳에서 수많은 사람이 흘린 눈물이 오늘 예수께서 흘린 눈물에 모두 녹아 있습니다. 예수께서는 우리를 위해 우십니다. 주님의 아들이신 그분이 바로 우리를 위해 울고 계십니다.

— 플레밍 러틀리지

나의 묵상

나의 기도

성서정과

사 26:1~6 / 시 118:18~27 / 마 7:21, 24~27

주께서는 엄히 징계하셔도,

나를 죽게 버려두지는 않으신다.

구원의 문들을 열어라.

내가 그 문들로 들어가서 주님께 감사를 드리겠다.

이것이 주님의 문이다.

의인들이 그리로 들어갈 것이다.

주께서 나에게 응답하시고, 나에게 구원을 베푸셨으니,

내가 주님께 감사를 드립니다. (시 118:18~21)

묵상

당신의 자비로운 섭리가

우리가 지닌 병과 관련된 모든 것을 감싸셔서

우리가 완전한 어둠에 싸여 당신에 대한 무지,

또는 우리 자신에 대한 무관심에 빠지지 않게 하소서.

저를 그림자가 감쌀지라도

당신의 저항할 수 없는 빛의 능력,

당신의 위로 앞에 무릎 꿇게 하소서.

그림자들이 저를 정복할 때

저는 회복할 수 없는 어둠에 빠질 것입니다.

그 그림자를 물리치시어

저를 밝은 대낮 가운데 두소서.

—존 던

나의 묵상

나의 기도

성서정과

사 29:17~24 / 시 27:1~4 / 마 9:27~31

예수께서 거기에서 떠나가시는데, 눈 먼 사람 둘이 "다윗의 자손이여, 우리를 불쌍히 여겨 주십시오" 하고 외치면서 예수를 뒤따라 왔다. 예수께서 집 안으로 들어가셨는데, 그 눈 먼 사람들이 그에게 나아왔다. 예수께서 그들에게 말씀하셨다. "너희는 내가 이 일을 할 수 있다고 믿느냐?" 그들이 "예, 주님!" 하고 대답하였다. 예수께서 그들의 눈에 손을 대시고 말씀하셨다. "너희 믿음대로 되어라." 그러자 그들의 눈이 열렸다. 예수께서 그들에게 엄중히 다짐하셨다. "이 일을 아무에게도 알리지 말아라." 그러나 그들은 나가서, 예수의 소문을 그 온 지역에 퍼뜨렸다. (마 9:27~31)

묵상

주님이 소경인 당신을 인도하셔야 합니다. 당신을 인도하는 이는 당신도, 어떤 인간도, 어떤 피조물도 아닙니다. 주님이 영과 말씀을 통해 친히 당신을 인도하실 것입니다. 당신의 업적, 당신이 생각한 고난, 당신의 선택, 당신의 생각과 욕망을 거슬러 당신에게 다가오시는 분이 당신을 인도하실 것입니다. 그분은 외치십니다. "나를 따르라."

— 마르틴 루터

나의 묵상

나의 기도

성서정과

사 30:19~21, 23~26 / 시 146:5~10 / 마 9:35~10:1, 5~8

사람은 숨 한 번 끊어지면 흙으로 돌아가니,

그가 세운 모든 계획이 바로 그 날로 다 사라지고 만다.

야곱의 주님을 자기의 도움으로 삼고

그분께 희망을 거는 사람은, 복이 있다.

주님은 하늘과 땅과 바다 속에 있는 모든 것을 지으시며,

영원히 신의를 지키시며, 억눌린 사람을 위해 공의로 재판하시며,

굶주린 사람에게 먹을 것을 주시며, 감옥에 갇힌 죄수를 석방시켜 주시며,

눈먼 사람에게 눈을 뜨게 해주시고,

낮은 곳에 있는 사람을 일으켜 세우시는 분이시다. (시 146:4~10)

묵상

우리는 주님의 자녀가 되는 권한을 예수 그리스도에게 받았습니다. 우리는 멸망해 가는 세계에서 구원받은 사람이 아니라, 이 세계가 구원받는다는 것을 확실히 아는 사람입니다. 그리스도인은 패배라는 말을 알아도 패배를 믿지 않는 사람처럼 자신의 목표를 향해 줄기차게 나아가야 합니다.

— 리처드 H. 니버

나의 묵상

나의 기도

베들레헴 임금께 나는 황금 드리네
영원토록 모든 백성 다스려주소서

오, 탄일밤의 밝은 별, 아름답고 빛난 별
아기 예수 계신 곳에 우리 인도하여라

끔찍한 폭력 가운데
약속하신 아기를 보내주신 당신께 감사드립니다.
우리는 예루살렘의 유산을 이어받은,
베들레헴 마을에 일어난 기적을 노래합니다.
그 순간, 왜 다른 아기들이 무참히 살해당해야 했는지
우리는 이해할 수 없습니다.
다만 우리는 당신의 나라가
폭력과 고통으로 가득 찬 세상 가운데
우리에게 임했음을 알 뿐입니다.

오늘날 여전히 수많은 폭력과 고통이 있습니다.
주님, 당신의 나라가 임해야 할 때입니다.
그래서 우리는 간절한 마음과
크나큰 두려움을 가지고 당신을 기다립니다.
당신이 생각하는 불의는 우리가 생각하는 불의와
일치하지 않을 수 있기 때문입니다.
그럼에도 당신의 나라가 하늘에서와같이
땅에서도 이루어지길 기도합니다.

주님, 우리는 기다림에 지쳤습니다.
우리는 냉소적인 세상에 살면서
우리가 통제할 수 있는 것들에 안주합니다.
하지만 우리 삶의 진정한 주인은
당신임을 알고 있습니다 .
당신의 사랑의 빛을 우리가 보기 한참 전부터
당신은 영원한 사랑으로
우리의 구원을 준비하셨음을 알고 있습니다.
그래서 우리는 먼 옛날 연약한 아기의 몸으로 온,
만물을 새롭게 하는 당신을 기다립니다.
아멘.

- 월터 브루그만

대림

제2주

❋ 성서정과

말 3:1~4 / 눅 1:68~79(사가랴의 노래) / 빌 1:3~11 / 눅 3:1~6

나는 여러분을 생각할 때마다, 주님께 감사를 드립니다. 내가 기도할 때마다, 여러분 모두를 위하여 늘 기쁜 마음으로 간구합니다. 여러분이 첫날부터 지금까지, 복음을 전하는 일에 동참하고 있기 때문입니다. 선한 일을 여러분 가운데서 시작하신 분께서 그리스도 예수의 날까지 그 일을 완성하시리라고, 나는 확신합니다. 내가 여러분 모두를 이렇게 생각하는 것은, 나로서는 당연한 일입니다. 내가 여러분을 내 마음에 간직하고 있기 때문입니다. 여러분 모두는 내가 갇혀 있을 때나, 복음을 변호하고 입증할 때에, 내가 받은 은혜에 동참한 사람들입니다. 내가 그리스도 예수의 심정으로, 여러분 모두를 얼마나 그리워하고 있는지는, 주께서 증언하여 주십니다. 내가 기도하는 것은 여러분의 사랑이 지식과 모든 통찰력으로 더욱 더 풍성하게 되어서, 여러분이 가장 좋은 것이 무엇인가를 분별할 줄 알게 되는 것입니다. 그리하여 여러분이 그리스도의 날까지 순결하고 흠이 없이 지내며, 예수 그리스도께서 주시는 의의 열매로 가득 차서 주님께 영광과 찬양을 드리게 되기를, 나는 기도합니다. (빌 1:3~11)

묵상

진정한 영적인 진전은 모두 주님의 소관이며

우리가 알아차리지 못하는 사이에 부드럽게 다가옵니다.

어설픈 노력은 오히려 일을 망칩니다.

자신을 아십시오.

당신은 여전히 어리숙하고,

한계가 있으며, 의존적인 영혼입니다.

중요한 영적 성장은

우리가 가진 지식과는 무관하게 일어나며

이 와중에 우리 자신을 한껏 펼치려 하는 것은

위험하고 어리석은 일임을 기억하십시오.

당신의 부족한 모습이 아니라

무한한 주님의 선하심을 생각하십시오.

기도할 수 있는 능력은

전적으로 주님의 사랑이 주시는 선물입니다.

프란시스 드 살레스가 즐겨 드렸던 기도에 만족하십시오.

이 기도에 모든 경건의 핵심이 있습니다.

'네, 아버지! 네, 언제나 그렇습니다.'

— 이블린 언더힐

나의 묵상

나의 기도

성서정과

사 35:1~10 / 시 85:7~13 / 눅 5:17~26

거기에는 큰길이 생길 것이니, 그것을 '거룩한 길'이라고 부를 것이다. 깨끗하지 못한 자는 그리로 다닐 수 없다. 그 길은 오직 그리로 다닐 수 있는 사람들의 것이다. 악한 사람은 그 길로 다닐 수 없고, 어리석은 사람은 그 길에서 서성거리지도 못할 것이다. 거기에는 사자가 없고, 사나운 짐승도 그리로 지나다니지 않을 것이다. 그 길에는 그런 짐승들은 없을 것이다. 오직 구원받은 사람만이 그 길을 따라 고향으로 갈 것이다. 주님께 속량받은 사람들이 예루살렘으로 돌아올 것이다. 그들이 기뻐 노래하며 시온에 이를 것이다. 기쁨이 그들에게 영원히 머물고, 즐거움과 기쁨이 넘칠 것이니, 슬픔과 탄식이 사라질 것이다. (사 35:8~10)

묵상

주님,
당신은 겸손과 고통과 죽음을 통해
저를 모든 헛된 희망에서 구해내셨습니다.
이제 저의 희망은
인간의 눈으로 지금까지 한 번도 보지 못한 것에 있습니다.
그러니 저로 하여금 눈에 보이는 보상을 믿지 않게 해주소서.

저의 희망은 인간의 가슴으로 느낄 수 없는 것에 있습니다.

그러니 저로 하여금 제 가슴의 느낌을 신뢰하지 않게 해주소서.

저의 희망은 인간의 손으로

지금까지 한 번도 만져보지 못한 것에 있습니다.

그러니 저로 하여금

제 손으로 잡을 수 있는 것을 믿지 않게 해주소서.

저의 믿음을 저 자신이 아니라 당신의 사랑에 두게 하소서.

— 토머스 머튼

나의 묵상

나의 기도

성서정과

사 40:1~11 / 시 96:1, 10~13 / 마 18:12~14

너희는 어떻게 생각하느냐? 어떤 사람에게 양 백 마리가 있는데, 그 가운데 한 마리가 길을 잃었다고 하면, 그는 아흔아홉 마리를 산에다 남겨 두고서, 길을 잃은 그 양을 찾아 나서지 않겠느냐? 내가 너희에게 말한다. 그가 그 양을 찾으면, 길을 잃지 않은 아흔아홉 마리 양보다, 오히려 그 한 마리 양을 두고 더 기뻐할 것이다. 이와 같이, 이 작은 사람들 가운데서 하나라도 망하는 것은, 하늘에 계신 너희 아버지의 뜻이 아니다." (마 18:12~14)

묵상

이 도시와 세계 곳곳의 길 잃은 모든 이들, 슬픔과 쓰라림과 혼란 가운데 있는 모든 이들을 도우시고, 갇혀 있는 모든 이들, 육체적인 또한 정신적인 질병으로 고통 중에 있는 이들, 정치 영역에서 말의 주도권과 힘을 가진 이들, 먹을 것과 정의와 자유를 호소하는 이들, 이유가 있든지 없든지 전쟁을 벌이고 있는 국가와 민족들, 교사들과 교육자들에게 맡겨진 아이들을 도우시고, 지향이나 신조와 무관하게 모든 교회를 도우셔서 그들이 당신 말씀의 순전한 빛을 지키며 또 발하게 하소서. 가까이에서나 멀리에서나 우리를 슬프게 또 낙심하게 하는 일들이 너무도 많습니다. 이에 우리는 분노하고 또 무관심해집니다. 그러나 당신께는 온전한 질서와 평화, 자유와 기쁨이 있습니다. 당신은 지나간 해에도 우리와 온 세계의 소망이셨으며, 새해에도 역시 그러하십니다. 우리는 소망을 품습니다. 아니, 당신만이 당신을 향한 이 소망을 품게 하십니다.

—칼 바르트

나의 묵상

나의 기도

성서정과

사 40:25~31 / 시 103:6~14 / 마 11:28~30

"수고하며 무거운 짐을 진 사람은 모두 내게로 오너라. 내가 너희를 쉬게 하겠다. 나는 마음이 온유하고 겸손하니, 내 멍에를 메고 나한테 배워라. 그리하면 너희는 마음에 쉼을 얻을 것이다. 내 멍에는 편하고, 내 짐은 가볍다." (마 11:28~30)

묵상

멍에는 그 자체로 하나의 짐이며 다른 짐에 또 하나의 짐이 추가되는 것입니다. 그런데 그것은 다른 짐을 가볍게 만드는 특이한 기능이 있습니다. 사람을 내리누르기만 하는 무거운 짐은 멍에의 도움으로 질 수 있을 정도가 됩니다. 예수께서는 우리의 짐이 너무 무거워지지 않도록 바로 이러한 멍에를 지우시기 원합니다. 예수님은 '나의 멍에'라고 하시는데, 이는 자신이 우리의 짐보다 수만 배나 무거운 짐을 (그것은 우리 인간의 모든 짐이기 때문에) 지신 그 멍에를 말합니다. 그분이 지고 가는 멍에는 바로 그분의 온유와 그분의 겸손입니다. 이것이 바로 우리가 지고 가야 하는 멍에이며 예수님은 이것이 바로 우리 짐을 쉽게 해주는 멍에임을 아십니다.

— 디트리히 본회퍼

나의 묵상

나의 기도

성서정과

사 41:13~20 / 시 145:1, 8~13 / 마 11:11~15

가련하고 빈궁한 사람들이 물을 찾지 못하여 갈증으로 그들의 혀가 탈 때에, 내가 그들의 기도에 응답하겠고, 나 이스라엘의 주가 그들을 버리지 않겠다. 내가 메마른 산에서 강물이 터져 나오게 하며, 골짜기 가운데서 샘물이 솟아나게 하겠다. 내가 광야를 못으로 바꿀 것이며, 마른 땅을 샘 근원으로 만들겠다. 내가 광야에는 백향목과 아카시아와 화석류와 들올리브 나무를 심고, 사막에는 잣나무와 소나무와 회양목을 함께 심겠다. 사람들이 이것을 보고, 주께서 이 일을 몸소 하셨다는 것을 알게 될 것이다. 이스라엘의 거룩하신 분께서 이것을 창조하셨다는 것을 깨닫게 될 것이다. (사 41:17~20)

묵상

우리는 우리 안에 있는 가장 깊고 참된 것을 갈망할 필요가 있습니다. 그리고 우리가 이를 알든 모르든 간에, 우리 안에는 절대자에 대한 갈증과 굶주림이 있다는 것, 그리고 우리가 그로부터 돌아서서 다른 것을 갈망할 때 우리는 정말 '무익한 열정'을 쏟아낸다는 것을 인정할 필요가 있습니다. 그리고 그리스도께서는 우리의 갈망의 깊고 강함에 따라, 이에 응답하실 것입니다. — 알렉산더 슈메만

나의 묵상

나의 기도

성서정과

사 48:17~19 / 시 1 / 마 11:16~19

"이 세대를 무엇에 비길까? 마치 아이들이 장터에 앉아서, 다른 아이들에게 이렇게 말하는 것과 같다. '우리가 너희에게 피리를 불어도 너희는 춤을 추지 않았고, 우리가 곡을 해도, 너희는 울지 않았다.' 요한이 와서, 먹지도 않고 마시지도 않았다. 그러니까 사람들이 말하기를, '그는 귀신이 들렸다' 하고, 인자는 와서, 먹기도 하고 마시기도 하니, 그들이 말하기를 '보아라, 저 사람은 마구 먹어대는 자요, 포도주를 마시는 자요, 세리와 죄인의 친구다' 한다. 그러나 지혜는 그 한 일로 옳다는 것이 입증되었다."

(마 11:16~19)

묵상

그리스도의 몸에 속한 사람의 손길이 닿지 않는 인간, 사안, 피조물, 관념, 제도, 국가, 행동은 없습니다. 이렇게, 세상에서 이루어지는 삶의 모든 층위와 차원에 그리스도의 몸을 이루는 지체들이 관여함으로써 그 모든 영역에 주님의 은총이 스며들어 있다는 분명한 사실, 그리스도의 보편성, 세상에 함께하는 그분 말씀의 편재성이 드러납니다. 이러한 맥락에서 평신도들이 해서는 안 되는 일이란 없습니다. 아무리 타락한 인간이라 할지라도, 아무리 이 사회가 방치한 인간이라

하더라도 그리스도인은 그에게 다가갑니다. 아무리 위태롭고 무언가에 중독된 사람이라 할지라도 그리스도인은 그의 친구가 되며 그를 대변합니다. 아무리 허망하고 어리석은 일이라 할지라도 그리스도인은 이를 직시하고 이를 증언합니다. 설령 커다란 대가를 치러야 하고 무모해 보인다 할지라도 그래야 한다면 그리스도인은 이를 기꺼이 감수합니다.

— 윌리엄 스트링펠로우

나의 묵상

나의 기도

성서정과

시 80:1~3, 17~18 / 마 17:10~13

주여, 우리를 회복시켜 주십시오.

우리가 구원을 받도록, 주님의 빛나는 얼굴을 나타내어 주십시오.

주님의 오른쪽에 있는 사람,

주님께서 몸소 굳게 잡아 주신 인자 위에, 주님의 손을 얹어 주십시오.

그리하면 우리가 주님을 떠나지 않을 것이니,

주님의 이름을 부를 수 있도록 우리에게 새 힘을 주십시오. (시 80:17~18)

묵상

망가진 삶의 회복에 관한 한, 종교적 용어로 말하자면 영혼 구원에 관한 한, 인간의 최선은 거룩하신 분의 최선과 상충하는 경향이 있습니다. 세상의 잔혹함과 최악의 상황에서 살아남기 위해 이를 악물고 주먹을 불끈 쥐며 최선을 다해 스스로 뭔가 해 보려는 바로 그 행동 때문에 더 놀라운 역사가 우리를 위해, 우리 안에서 일어나지 못합니다. 누구나 혼자서 견뎌낼 수 있습니다. 혼자서 강해질 수 있습니다. 혼자서 승리까지도 할 수 있습니다. 그러나 아무도 혼자서 인간답게 될 수는 없습니다. 그렇기 때문에 예수님의 슬픈 비유처럼 부자가 천국에 들어가기는 낙타가 바늘귀를 빠져 나가기 만큼이나 어려운 것입니다. 부자는 주머니에 들어 있는 신용카드로 자신을 위해 뭐든지 다 살 수 있기 때문에 정작 이 세상에서 자기에게 가장 필요한 것은 선물로 받을 수밖에 없다는 걸 이해하지 못합니다. 설령 '선하신 주님'이 도움의 손길을 내미신다고 해도 주먹을 꼭 쥔 손으로는 결코 받아들일 수 없다는 걸 이해하지 못합니다.

— 프레드릭 비크너

나의 묵상

나의 기도

거룩하신 구주께 나는 유향 드리네
만국 백성 찬송드려 만유 주 섬기세

주의 죽을 몸 위해 나는 몰약 드리네
세상 모든 죄인 위해 십자가 지셨네

오, 탄일밤의 밝은 별, 아름답고 빛난 별
아기 예수 계신 곳에 우리 인도하여라

아기 그리스도를 찾아오는 길은 언제나 단순하지 않습니다. 대부분의 경우 사람들은 먼 길을 돌아 그리스도이신 아기를 찾아옵니다.

복잡한 사연을 거쳐 올 때도 있고, 죄를 짓고서 혼란 가운데 찾아올 때도 있습니다. 그릇된 생각을 가지고 찾아올 때가 있는가 하면 출발부터 잘못된 때도 있습니다.

사람들이 진실로 답해야 할 질문은 그들을 걷게 한 복잡다단한 사연들을 구유를 향해 가는 여정에 맡길 수 있느냐, 거울의 방에 안주하기를 거부하고 진리가 진정 어디에 있는지를 찾아 나설 수 있느냐, 자신의 재주를 부리려 복잡하게 생각하기를, 남과 자신을 기만하기를 그치고 하늘의 지도가 가리키는 곳이 어디인지를 살필 수 있느냐는 것입니다.

그러니 여러분의 뒤엉킨 모습과 재능, 곧 우리를 우리로 만들어주는 수많은 뿌리를 거부하지 마십시오. 모든 걸음은 여정의 일부입니다.심지어 잘못된 출발조차 이 여정의 일부입니다. 모든 경험은 여러분이 진리를 향해 나아가게 해줄 수 있습니다. 그리스도교 신앙은 현실은 전혀 고려하지 않고 무작정 단순해질 것을 요구하는 황당한 믿음이 아닙니다.

성육신 사건은 "언제, 어디서, 어떻게 알죠?"라는 인간의 가장 단순한, 그래서 가장 근본적인 질문들에 대한 응답입니다. 그곳에 가장 먼저 도달하는 이들은 정교하고 세련되게 자신을 포장하지 않는 이들, 자기반성으로 자신을 방어하지 않는 이들입니다. 이들이 흘리는 눈물에는 기만이 없습니다. 이들은 주님과 적당한 거리를 유지하는 법을 알지 못합니다. 거리를 유지하는 것만큼은 전문가 수준인 우리와는 달리 말이지요.

이들을 통해 우리는 우리가 향해야 할 곳이 어디인지를 배웁니다. 이들을 통해 우리는 순전하게 나아와 주님께 다가갈 수 있음을, 구유에 누운 아이, 갈릴래아에서 펼쳐진 삶, 펼쳐져 드러난 그 신비를 마주할 수 있음을 배우며 우리가 이를 얼마나 갈망하는지를 알게 됩니다.

이제 우리는 있는 모습 그대로 마구간에 옵니다.

- 로완 윌리엄스

대림 제3주

· 대림절기는 12월 17일을 기준으로 교회력을 보는 방법이 달라집니다.

· 12월 16일까지는 요일을 기준으로 보고, 12월 17일부터는 요일과 관계 없이 날짜를 기준으로 봅니다. 예를 들어, 12월 17일이 대림 제3주 금요일이라면, 이 날은 대림 제3주 금요일 성서정과가 아닌 12월 17일 정과를 따릅니다.

✲ 성서정과

습 3:14~20 / 사 12:2~6 / 빌 4:4~7 / 눅 3:7~18

도성 시온아, 노래하여라. 이스라엘아, 즐거이 외쳐라. 도성 예루살렘아, 마음껏 기뻐하며 즐거워하여라. 주께서 징벌을 그치셨다. 너의 원수를 쫓아내셨다. 이스라엘의 왕이신 주께서 너와 함께 계시니, 네가 다시는 화를 당할까 두려워하지 않을 것이다. 그날이 오면, 사람들이 예루살렘에게 말할 것이다. "시온아, 두려워하지 말아라. 힘없이 팔을 늘어뜨리고 있지 말아라. 너의 주인이신 분께서 너와 함께 계신다. 그는 구원을 베푸실 전능하신 분이시다. 너를 보고서 기뻐하고 반기시고, 너를 사랑으로 새롭게 해주시고 너를 보고서 노래하며 기뻐하실 것이다. 축제 때에 즐거워하듯 하실 것이다." "내가 너에게서 두려움과 슬픔을 없애고, 네가 다시는 모욕을 받지 않게 하겠다. 때가 되면, 너를 억누르는 자들을 내가 모두 벌하겠다. 없어진 이들을 찾아오고, 흩어진 이들을 불러 모으겠다. 흩어져서 사는 그 모든 땅에서, 부끄러움을 겪던 나의 백성이 칭송과 영예를 받게 하겠다. 그 때가 되면, 내가 너희를 모으겠다. 그 때에 내가 너희를 고향으로 인도하겠다. 사로잡혀 갔던 이들을 너희가 보는 앞에서 데려오고, 이 땅의 모든 민족 가운데서, 너희가 영예와 칭송을 받게 하겠다. 나 주가 말한다." (습 3:14~20)

묵상

"주는 사랑이십니다."

이 강렬한 진술을 통해 그리스도교인들은

주님은 우리와 관계맺으시는 분,

즉 사랑하는 이, 사랑받는 이, 기뻐하는 이 사이에서 일어나는

친교를 주관하시는 분임을 이해하게 되었습니다.

그리스도교인들이 더불어 사는 삶을 통해서만

참된 그리스도교인으로 온전히 성장하게 되는 것처럼,

그리스도교인들이 새롭게 만난 그분은

관계성을 통해서만 그분이 어떤 분인지를 온전히 알 수 있습니다.

그분은 영원히 사랑하심으로써,

그리고 자신과 다른 존재에게 자기를 내어주심으로써

세 위격이라는 인격을 지니고 있음을 드러내십니다.

성부는 당신의 생명을 아들에게 남김없이 주시며,

성자는 이 생명을 말하고 구현하며,

성령은 비할 바 없는 기쁨으로 사랑 아래 이를 하나로 모읍니다.

— 마크 매킨토시

나의 묵상

나의 기도

성서정과

민 24:2~7, 15~17 / 시 25:3~9 / 마 21:23~27

주님을 기다리는 사람은 수치를 당할 리 없지만,

함부로 속이는 자는 수치를 당하고야 말 것입니다.

주여, 당신의 길을 나에게 보여 주시고,

내가 마땅히 가야 할 그 길을 가르쳐 주십시오.

주님은 내 구원이시니,

주님의 진리로 나를 지도하시고 가르쳐 주십시오.

나는 종일 주님만을 기다립니다.

주님, 먼 옛날부터 변함없이 베푸셨던,

주님의 긍휼하심과 한결 같은 사랑을 기억하여 주십시오.

내가 젊은 시절에 지은 죄와 반역을 기억하지 마시고,

주님의 자비로우심과 선하심으로 나를 기억하여 주십시오. (시 25:3~8)

묵상

우리가 범할 수 있는 모든 악보다 훨씬 더 큰 주님의 자비를 신뢰하십시오. 우리가 우리 자신을 인정하고 주님과 다시 우애를 나누고 싶어할 때, 그분께서는 우리의 배은망덕도, 우리에게 베푸신 은총들을 우리가 남용한 것도 기억하지 않으십니다. 이런 죄들 때문에 우리를 벌하실 수도 있습니다. 하지만 사실, 우리의 죄는 주님께서 우리를 더 빨리 용서해주시도록 도와줄 뿐입니다. 주님께서는 주는 데 지칠 줄 모르시며, 그분의 자비도 결코 없어지지 않습니다. 그러므로 주님의 자비를 받는 데 지치는 일이 없도록 합시다. 영원히 찬미받으소서. 아멘.

— 아빌라의 테레사

나의 묵상

나의 기도

성서정과

습 3:1~2, 9~13 / 시 34:1~6, 21~22 / 마 21:28~32

"너희는 어떻게 생각하느냐? 어떤 사람에게 아들이 둘 있는데, 아버지가 맏아들에게 가서 '얘야, 너 오늘 포도원에 가서 일해라' 하고 말하였다. 그런데 맏아들은 대답하기를 '싫습니다' 하고 말하였다. 그러나 그 뒤에 그는 뉘우치고 일하러 갔다. 아버지는 둘째 아들에게 가서, 같은 말을 하였다. 그는 대답하기를, '예, 가겠습니다, 아버지' 하고서는, 가지 않았다. 그런데 이 둘 가운데서 누가 아버지의 뜻을 행하였느냐?" 예수께서 이렇게 물으시니, 그들이 대답하였다. "맏아들입니다." 예수께서 그들에게 말씀을 하셨다. "내가 진정으로 너희에게 말한다. 세리와 창녀들이 오히려 너희보다 먼저 주님의 나라에 들어간다. 요한이 너희에게 와서, 옳은 길을 보여 주었으나, 너희는 그를 믿지 않았다. 그러나 세리와 창녀들은 믿었다. 너희는 그것을 보고도 끝내 뉘우치지 않았으며, 그를 믿지 않았다."

(마 21:28~32)

묵상

유다가 그리스도를 배반했을 때 그가 범한 죄는 작은 죄였습니다. 그 죄는 용서받을 수 있기 때문입니다. 그러나 은총에 대해 절망하는 것은 용서받을 수 없는 커다란 죄입니다. 이 죄는 너무도 크고 악해서 절망 혹은 오만함으로 연결됩니다. 우리는 "사실입니다. 저는 죄인입니다. 그러나 저는 이 때문에 절망하지 않을 것입니다. 죄를 다시 범하지도 않을 것입니다" 라고 말할 수 있는 마음이 있어야 합니다.

— 마르틴 루터

나의 묵상

나의 기도

✲ 성서정과

사 45:6하~8, 18, 21하 / 시 85:7~13 / 눅 7:18~23

사랑과 진실이 만나고, 정의는 평화와 서로 입을 맞춘다.

진실이 땅에서 돋아나고, 정의는 하늘에서 굽어본다.

주님께서 좋은 것을 내려 주시니, 우리의 땅은 열매를 맺는다.

정의가 주님 앞에 앞서가며,

주님께서 가실 길을 닦을 것이다. (시 85:10~13)

묵상

저는 '거짓은 결코 영원히 지속될 수 없다'는 칼라일의 말을 즐겨 씁니다. 우주에는 이 말을 입증해주는 무언가가 존재합니다. 우리는 승리할 것입니다. 우주에는 '진리는 땅바닥에 짓밟혀도 다시 일어난다'는 얘기가 사실임을 보여주는 무언가가 존재하기 때문입니다. 우리는 승리할 것입니다. 우주에는 '진리는 교수대 위에 영원하고, 불의는 보좌 위에 영원하다'는 말이 진실임을 증명해주는 무언가가 존재하기 때문입니다. 앞에는 교수대가 흔들거리며 서 있고 뒤에는 알 수 없는 어둠이 깔려 있을지라도, 주께서는 그 어둠 속에 우뚝 서셔서 그분의 백성을 계속 지켜보고 계십니다.

— 마틴 루터 킹 주니어

나의 묵상

나의 기도

성서정과

사 54:1~10 / 시 30:1~5, 11~12 / 눅 7:24~30

임신하지 못하고 아기를 낳지 못한 너는 노래하여라. 해산의 고통을 겪어 본 적이 없는 너는 환성을 올리며 소리를 높여라. 아이를 못 낳아 버림받은 여인이 남편과 함께 사는 여인보다 더 많은 자녀를 볼 것이다. 주께서 하신 말씀이다. 두려워하지 말아라! 네가 이제는 수치를 당하지 않을 것이다. 당황하지 말아라! 네가 부끄러움을 당하는 일이 없을 것이다. 젊은 시절의 수치를 잊으며, 과부 시절의 치욕을 네가 다시는 기억하지 않을 것이다. (사 54:1,4)

묵상

우리는 미래뿐 아니라 우리의 과거에 대해서도
흔쾌히 주님을 신뢰할 수 있습니다.
지난 일을 감추려 들지 않는 한,
부끄러움을 느껴야 마땅한 곳에서 기꺼이 부끄러움을 느끼고
머리를 숙일 준비가 되어 있는 한,
우리의 과거는 우리를 해치지 못할 것입니다.
부끄러움을 아는 것은 거룩하고 복된 일이기 때문입니다.
부끄러움은 그럴싸해 보이고 싶어 하는 사람에게만 수치일 뿐,

본연의 모습에 충실하려는 사람에게는 그렇지 않습니다.

시험에 통과하려는 사람에게는 문제가 되지만,

사물의 본질에 도달하려는 사람에게는 아무것도 아닙니다.

겸손하게 부끄러워하는 것은 진리의 욕조에 몸을 담그는 일입니다.

— 조지 맥도널드

나의 묵상

나의 기도

성서정과

사 56:1~3상, 6~8 / 시 67 / 요 5:33~36

주님, 우리에게 은혜를 베풀어 주시고, 우리에게 복을 내려 주십시오. 당신의 얼굴을 환하게 우리에게 비추어 주시어서, 온 세상이 당신의 뜻을 알고 모든 민족이 당신의 구원을 알게 하여 주십시오. 주님, 민족들이 당신을 찬송하게 하시며 모든 민족이 당신을 찬송하게 하십시오. 주님께서 온 백성을 공의로 심판하시며, 세상의 온 나라를 인도하시니, 온 나라가 기뻐하며, 큰소리로 외치면서 노래합니다. 주님, 민족들이 주님을 찬송하게 하시며, 모든 민족이 당신을 찬송하게 하십시오. 이 땅이 오곡백과를 냈으니, 주님, 곧, 우리의 주님께서 우리에게 복을 내려 주셨기 때문이다. 주님께서 우리에게 복을 주실 것이니, 땅끝까지 온 누리는 그분을 경외하여라. (시 67)

묵상

전능하신 주님,
주님의 판단으로 우리가 서며 또 넘어집니다. 우리가 우리의 약함과 무력함을 정직하게 인정하게 하시고, 당신이 우리의 힘이자 능력임을 우리가 늘 기억하게 하소서. 우리 자신과 이 세상 재물에 대한 믿음을 떨쳐낼 수 있도록 우리를 도우소서. 당신 안에서 피난처를 찾으며, 확신 가운데 이생과 영원한 구원을 당신의 손에 맡기도록 우리를 인도하소서. 그리하여 우리가 언제나 당신의 것이 되며 당신께 영광을 돌리게 하소서. 오로지 당신 안에서만 안식하며 당신의 기쁨으로부터 살아가는 법을 익히게 하소서.

당신은 구원의 역사를 시작하시고 또 완성하실 분이시니

주님, 당신께 복종하게 하소서.

— 칼 바르트

나의 묵상

나의 기도

다시 사신 구주님 왕의 왕이 되시네
할렐루야 할렐루야 모두 다 부르세

오, 탄일밤의 밝은 별, 아름답고 빛난 별
아기 예수 계신 곳에 우리 인도하여라

주님, 올해에도 세상에서 가장 위대한 것,
곧 당신의 사랑이 우리 눈 앞에 펼쳐지는
성탄을 맞이하게 하소서.
그 빛과 축제, 기쁨을 맞이하게 하소서.

당신은 세상을 지극히 사랑하셔서
하나뿐인 아들을 주셨고
우리는 모두 그를 믿어 길을 잃지 않고
영원한 생명을 얻습니다.

우리가 당신께 무엇을 드릴 수 있겠습니까?
우리 관계와 마음엔 어둠이 가득합니다.
혼란스러운 생각들, 냉정함과 반항,
부주의함과 증오가 가득합니다.
당신이 기뻐하실 수 없는 것들,
우리를 서로 갈라놓으며
도무지 우리를 도울 길 없는 것들로 가득합니다.
성탄의 메시지를 거스르는 것들로 가득합니다.

이 초라한 선물들을 당신 앞에 내어놓습니다.
우리 같은 사람들과 무엇을 하실 수 있을까요.

- 칼 바르트

그러나 이 성탄절, 당신은
이 모든 쓸모없는 것과
이 모습 이대로의 우리를 받으셔서
우리에게서 이것들을 없애 버리길 원하십니다.

이를 통해 당신은 우리에게 우리 구주 예수를,
우리와 온 인류를 위한
새 하늘과 새 땅, 새 마음과 새 갈망,
새 확신과 새 소망을 품고 계신 그분을 내어주십니다.

성탄절을 맞기 전 마지막 주일인 이날,
다시 모여 예수를 당신의 선물로 받기 원하는
우리와 함께하소서.

당신이 우리 모두를 위해 품으신 뜻을,
우리 모두를 향해 이미 결정하신 바를,
우리 모두를 위해 이미 완성하신 일을
합당하게, 감사 넘치는 놀라움으로
올바르게 말하고 들으며 기도하게 하소서.
아멘.

\- 칼 바르트

대림 제4주일 · 12월 17일~**공현일**

· 대림절기는 12월 17일을 기준으로 교회력을 보는 방법이 달라집니다.

· 12월 16일까지는 요일을 기준으로 보고, 12월 17일부터는 요일과 관계 없이 날짜를 기준으로 봅니다. 예를 들어, 12월 17일이 대림 제3주 금요일이라면, 이 날은 대림 제3주 금요일 성서정과가 아닌 12월 17일 정과를 따릅니다.

· 대림 제4주일은 대림 제3주일 다음 오는 주일로, 이 날은 날짜와 관계 없이 주일 성서정과를 봅니다. 예를 들어, 12월 19일이 대림 제4주일이라면 12월 19일 성서정과가 아닌 대림 제4주일의 성서정과를 따릅니다.

❀ 성서정과

미 5:1~4상 / 눅 1:46하~55(마리아의 노래) / 히 10:5~10 / 눅 1:39~45

"내 영혼이 주님을 찬양하며 내 마음이 내 구주를 좋아함은, 그가 이 여종의 비천함을 보살펴 주셨기 때문입니다. 이제부터는 모든 세대가 나를 행복하다 할 것입니다. 힘센 분이 나에게 큰일을 하셨기 때문입니다. 그의 이름은 거룩하고, 그의 자비하심은, 그를 두려워하는 사람들에게 대대로 있을 것입니다. 그는 그 팔로 권능을 행하시고 마음이 교만한 사람들을 흩으셨으니, 제왕들을 왕좌에서 끌어내리시고 비천한 사람을 높이셨습니다. 주린 사람들을 좋은 것으로 배부르게 하시고, 부한 사람들을 빈손으로 떠나보내셨습니다. 그는 자비를 기억하셔서, 자기의 종 이스라엘을 도우셨습니다. 우리 조상들에게 말씀하신 대로, 그 자비는 아브라함과 그 자손에게 영원토록 있을 것입니다." (눅 1:46하~55)

묵상

주님, 당신께서는 이 세상 그 무엇보다도 우리를 사랑하십니다.

당신의 눈길은 언제나 우리를 떠나지 않으십니다.

우리는 그 눈길을 바라보며 당신의 사랑을 감지합니다.

그렇게 우리는 당신께서 우리를 사랑하심을 깨닫습니다.

당신께서는 우리와 같이 비천한 종들을

언제나 마음에 품고 계십니다.

우리에게 보이시는 당신의 형상은 사랑뿐입니다.

당신의 사랑이 우리와 함께하기에

당신께서는 우리를 사랑하시는 분이라고 말할 수 있습니다.

당신께서는 언제나 우리와 함께하십니다.

단 일 초도 우리를 홀로 두지 않으시고 모든 순간을 함께하십니다.

그렇게 당신께서는 우리와 함께하시는 시간이

소중하다고 말씀하십니다.

— 니콜라스 쿠자누스

나의 묵상

나의 기도

성서정과

창 49:2, 8~10 / 시 72:1~4, 18~19 / 마 1:1~17

주여, 왕에게 당신의 판단력을 주시고

왕의 아들에게 당신의 의를 내려 주셔서,

왕이 당신의 백성을 정의로 판결할 수 있게 하시고,

당신의 불쌍한 백성을 공의로 판결할 수 있게 해주십시오.

왕이 의를 이루면 산들이 백성에게 평화를 안겨 주며,

언덕들이 백성에게 정의를 가져다 줄 것입니다.

왕이 불쌍한 백성을 공정하게 판결하도록 해주시며,

가난한 백성을 구하게 해주시며 억압하는 자들을 꺾게 해주십시오.

해가 닳도록, 달이 닳도록, 영원무궁 하도록,

그들이 왕을 두려워하게 해주십시오. (시 72:1~5)

묵상

오, 의로우시고 자비로우신 주님, 공정과 세상을 다스리시는 분,

일상의 삶 속에서 정의에 이르는 길을 저희에게 보여 주소서.

저희가 말하고 행하는 것 하나하나마다

예수의 선의를 비추는 거울이 되게 하시어,

언젠가는 저희가 당신을 찾는 이들에게

약속하신 평화를 깨닫게 하소서.

이 모든 것 우리 주 예수 그리스도를 통하여 기도드립니다.

— 그레고리 J. 폴런

나의 묵상

나의 기도

성서정과

렘 23:5~8 / 시 72:6~8, 17~19 / 마 1:18~24

마리아의 남편 요셉은 의로운 사람이라서 약혼자에게 부끄러움을 주지 않으려고, 가만히 파혼하려 하였다. 요셉이 이렇게 생각하고 있는데, 주님의 천사가 꿈에 그에게 나타나서 말하였다. "다윗의 자손 요셉아, 두려워하지 말고, 마리아를 네 아내로 맞아 들여라. 그 태중에 있는 아기는 성령으로 말미암은 것이다. 마리아가 아들을 낳을 것이니, 너는 그 이름을 예수라고 하여라. 그가 자기 백성을 그들의 죄에서 구원하실 것이다." 이 모든 일이 일어난 것은, 주님께서 예언자를 시켜서 이르시기를, "보아라, 동정녀가 잉태하여 아들을 낳을 것이니, 그의 이름을 임마누엘이라고 할 것이다" 하신 말씀을 이루려고 하신 것이다. (임마누엘은 번역하면 '주께서 우리와 함께 계시다'는 뜻이다.) 요셉은 잠에서 깨어 일어나서, 주님의 천사가 말한 대로, 마리아를 아내로 맞아들였다. (마 1:19~24)

묵상

주님께서는 특별히, 혹은 배타적으로 교회에만 계시지 않습니다. 그리스도인인 우리는 이 점에 유의해야 합니다. 그분은 온 세상에 계십니다. 교회는 다만 매 순간, 모든 곳에 계신 주님께 관심하고 관찰하며 증언하는 공동체일 뿐입니다. 교회는 다만 주께서 세상과 함께하심을 알고 기뻐하는 이들의 모임일 뿐입니다. 세상에 주님을 가장 먼저 소개한 것은 교회가 아닙니다. 세상에 주님을 알리는 존재는 그분 자신입니다.

— 윌리엄 스트링펠로우

나의 묵상

나의 기도

성서정과

삿 13:2~7, 24~25 / 시 71:3~8 / 눅 1:5~25

주님은 나의 반석, 나의 요새이시니,

주님은, 내가 어느 때나 찾아가서 숨을 반석이 되어 주시고,

나를 구원하는 견고한 요새가 되어 주십시오.

주님, 주님 밖에는, 나에게 희망이 없습니다.

주님만은 나의 든든한 피난처가 되어 주셨습니다.

온종일 나는 주님을 찬양하고, 주님의 영광을 선포합니다. (시 71)

묵상

하늘에 계신 아버지,

우리 주 예수 그리스도의 아버지시여,

당신께서 우리를 기억하시니 당신을 찬미합니다.

당신께서 우리 마음으로 찾아오실 때

우리 마음은 당신의 기쁨으로 가득 찹니다.

당신께서는 우리의 영광이시며

우리 마음이 부르는 노래의 제목입니다.

당신께서는 우리의 소망이시며

힘겨운 날의 피난처 되십니다.

우리의 사랑은 연약하고 우리의 덕은 흠이 많으니

주님, 우리에게 힘을 주소서. 언제나 우리를 찾아오소서.

당신의 거룩한 교훈으로 우리를 가르치소서.

우리가 악을 향해 내달릴 때 우리를 구하소서.

우리가 그릇된 사랑에 빠질 때 우리를 구하소서.

우리 내면을 치유하시고 정화해주소서.

그리하여 진실하게 사랑하고, 고난에도 지치지 않으며,

한결같이 인내하도록 하소서.

— 토마스 아 켐피스

나의 묵상

나의 기도

성서정과

사 7:10~14 / 시 24:1~6 / 눅 1:26~38

땅과 그 안에 가득 찬 것이 모두 다 주님의 것,

온 누리와 그 안에 살고 있는 모든 것도 주님의 것이다.

분명히 주님께서 그 기초를 바다를 정복하여 세우셨고,

강을 정복하여 단단히 세우셨구나.

누가 주님의 산에 오를 수 있으며,

누가 그 거룩한 곳에 들어설 수 있느냐?

깨끗한 손과 해맑은 마음을 가진 사람,

헛된 우상에게 마음이 팔리지 않고, 거짓 맹세를 하지 않는 사람이다.

그런 사람은 주님께서 주시는 복을 받고,

그를 구원하시는 분께 의롭다고 인정받을 사람이다.

그런 사람은 주님을 찾는 사람이요,

야곱의 주님의 얼굴을 사모하는 사람이다. (시 24:1~6)

묵상

오직 당신만을 갈망합니다. 당신을 보여주소서.

우리 안에 구름처럼 드리운 헛된 망상을 흩으소서.

당신께서 허락하신 당신의 모습을 볼 수 있도록

저 구름이 마음의 눈을 가리지 않게 하소서.

우리는 당신을 눈으로 볼 수 없으나

당신의 얼굴은 우리의 영원한 안식처입니다.

당신의 얼굴은 모든 갈망이 채워지고 사라지는 종착지입니다.

당신의 얼굴 너머에는 그 어떤 갈망도 없고,

그 어떤 선함도 없습니다.

당신께서는 그 모든 갈망과 선함보다 높으시기 때문입니다.

— 존 스코투스 에리우게나

나의 묵상

나의 기도

성서정과

습 3:14~18 / 시 33:1~4, 11~12, 20~22 / 눅 1:39~45

그 무렵에, 마리아가 일어나, 서둘러 유대 산골에 있는 한 동네로 가서, 사가랴의 집에 들어가, 엘리사벳에게 문안하였다. 엘리사벳이 마리아의 인사말을 들었을 때에, 아이가 그의 뱃속에서 뛰놀았다. 엘리사벳이 성령으로 충만해서, 큰 소리로 외쳐 말하였다. "그대는 여자들 가운데서 복을 받았고, 그대의 태중의 아이도 복을 받았습니다. 내 주님의 어머니께서 내게 오시다니, 이것이 어찌된 일입니까? 보십시오. 그대의 인사말이 내 귀에 들어왔을 때에, 내 태중의 아이가 기뻐서 뛰놀았습니다. 주님께서 하신 말씀이 이루어질 줄 믿은 여자는 행복합니다." (눅 1:39~45)

묵상

당신께서 저를 결코 홀로 내버려 두지 않으심을,

그리고 당신의 성스러운 약속들을 채워주심을 저는 알고 있습니다.

어떤 일이 저의 바람과 다르게 되어 가는듯이 보이더라도

그것이 바로 당신의 뜻임을, 그리고 그 길이 결국엔

저를 위한 최선의 길임을 알고 있습니다.

오, 주님, 저의 수많은 소망이 채워지지 않을 때,

바로 그때 저의 희망이 더 강해지도록 은총을 주소서.

그리고 결코 잊지 않게 하소서. 당신의 이름은 사랑임을.

— 헨리 나우웬

나의 묵상

나의 기도

성서정과

삼상 1:24~28 / 시 113 / 눅 1:46~56

마침내 아이가 젖을 떼니, 한나는 아이를 데리고, 삼 년 된 수소 한 마리를 끌고, 밀가루 한 에바와 포도주가 든 가죽부대 하나를 가지고, 실로로 올라갔다. 한나는 어린 사무엘을 데리고 실로에 있는 주님의 집으로 갔다. 그들이 수소를 잡고 나서, 그 아이를 엘리에게 데리고 갔다. 한나가 엘리에게 말하였다. "제사장님, 나를 기억하시겠습니까? 내가, 주님께 기도를 드리려고 이 곳에 와서, 제사장님과 함께 서 있던 바로 그 여자입니다. 아이를 낳게 해 달라고 기도하였는데, 주님께서 내가 간구한 것을 이루어 주셨습니다. 그래서 나도 이 아이를 주님께 바칩니다. 이 아이의 한평생을 주님께 바칩니다." 그런 다음에, 그들은 거기에서 주님께 경배하였다. (삼상 1:24~28)

묵상

우리 삶을 이루는 많은 부분은
명시적이든 암시적이든 약속과 헌신을 신뢰함으로써 지탱됩니다.
세례를 통한 그분과의 언약, 주님과 맺은 언약에 대한
우리의 응답이 이와 같습니다.
성령은 주님의 이러한 약속의 중심을 이루십니다.

성령은 다가올 것의 첫 열매이시며 주께서 주시는 담보입니다.

주께서는 성령으로 당신께서 약속하신 미래를 일구십니다.

— 데이비드 F. 포드

나의 묵상

나의 기도

성서정과

말 3:1~4, 23~24 / 시 25:3~10 / 눅 1:57~66

“내가 나의 특사를 보내겠다. 그가 나의 갈 길을 닦을 것이다. 너희가 오랫동안 기다린 이가, 문득 자기의 궁궐에 이를 것이다. 너희가 오랫동안 기다린, 그 언약의 특사가 이를 것이다. 나 만군의 주가 말한다. 그러나 그가 이르는 날에, 누가 견디어 내며, 그가 나타나는 때에, 누가 살아남겠느냐? 그는 금과 은을 연단하는 불과 같을 것이며, 표백하는 잿물과 같을 것이다. 그는, 은을 정련하여 깨끗하게 하는 정련공처럼, 자리를 잡고 앉아서 레위 자손을 깨끗하게 할 것이다. 금속 정련공이 은과 금을 정련하듯이, 그가 그들을 깨끗하게 하면, 그 레위 자손이 나에게 올바른 제물을 드리게 될 것이다. 유다와 예루살렘의 제물이 옛날처럼, 지난날처럼, 나를 기쁘게 할 것이다. (말 3:1~4)

묵상

주님께서 우리에게 오셨습니다.

그분께서는 이미 우리가 해야 할 모든 일을 하셨습니다.

주께 이르는 다리를 놓을 힘이 모자라

우리 손으로는 열 수 없던 길을 열어주셨습니다.

예수님은 스스로 그 다리가 되셨습니다.

우리에게 남은 문제는

이처럼 우리를 '대신하시는' 그분의 품 안으로 들어가는 것,

우리를 향해 벌리신 그분의 팔에 안기는 것입니다.

— 베네딕토 16세

나의 묵상

나의 기도

✵ 성서정과

삼하 7:1~5, 8~11, 16 / 시 89:2, 19~27 / 눅 1:67~79

요한의 아버지 사가랴가 성령으로 충만하여, 이렇게 예언하였다. "이스라엘의 주님은 찬양받으실 분이시다. 그는 자기 백성을 돌보아 속량하시고, 우리를 위하여 능력 있는 구원자를 자기의 종 다윗의 집에 일으키셨다. 예로부터 자기의 거룩한 예언자들의 입으로 주님께서 말씀하신 대로 우리를 원수들에게서 구원하시고, 우리를 미워하는 모든 사람들의 손에서 건져내셨다. 주님께서 우리 조상에게 자비를 베푸시고, 자기의 거룩한 언약을 기억하셨다. 이것은 주님께서 우리에게 주시려고 우리 조상 아브라함에게 하신 맹세이니, 우리를 원수들의 손에서 건져주셔서 두려움이 없이 주님을 섬기게 하시고, 우리가 평생 동안 주님 앞에서 거룩하고 의롭게 살아가게 하셨다. 아가야, 너는 더없이 높으신 분의 예언자라 불릴 것이니, 주님보다 앞서 가서 그의 길을 예비하고, 죄 사함을 받아서 구원을 얻는 지식을 그의 백성에게 가르쳐 줄 것이다. 이것은 우리 주님의 자비로운 심정에서 오는 것이다. 그는 해를 하늘 높이 뜨게 하셔서, 어둠 속과 죽음의 그늘 아래에 앉아 있는 사람들에게 빛을 비추게 하시고, 우리의 발을 평화의 길로 인도하실 것이다." (눅 1:67~79)

묵상

오늘 신비가 이루어졌습니다.

주님의 말씀을 믿는 모든 이들은

매주 더욱 밝아지는 소망의 불꽃을 가지고

깨어 있는 희망으로 이날을 향해 달려왔습니다.

이제 그 신비가 우리에게 드러났습니다.

저는 그 신비를 퇴색시키는 말을 늘어놓고 싶지 않습니다.

그 신비가 지금 당신을 감동시키게 하십시오.

그것이 바로 성육신의 의미입니다.

성육신은 주님의 무한한 사랑과 지혜와 권능이

제한될 수 없음을 뜻합니다.

주께서는 우리가 몸을 지니고 있듯 육체를 지니셔야 했습니다.

그래서 모든 피조물은 풍문이나 상상으로가 아니라

직접 그분을 뵙고 알게 되었습니다.

우리는 온 존재를 성육신한 말씀에 열어둘 수 있습니다.

말씀이 인간의 삶과 하나 되었기 때문입니다.

그리스도인들이여, 오늘 밤 당신이 지닌 존엄성을 인식하십시오.

주께서 갓난아이로 이 세상에 오셨습니다.

이 신비가 여러분을 일깨우게 하십시오.

— 게일 피츠패트릭

나의 묵상

나의 기도

✵ 성서정과

사 9:1~6 / 시 96 / 딛 2:11~14 / 눅 2:1~20

어둠 속에서 고통받던 백성에게서 어둠이 걷힐 날이 온다. 옛적에는 주님께서 스불론 땅과 납달리 땅으로 멸시를 받게 버려두셨으나, 그 뒤로는 주님께서 서쪽 지중해로부터 요단 강 동쪽 지역에 이르기까지, 그리고 이방 사람이 살고 있는 갈릴리 지역까지, 이 모든 지역을 영화롭게 하실 것이다. 어둠 속에서 헤매던 백성이 큰 빛을 보았고, 죽음의 그림자가 드리운 땅에 사는 사람들에게 빛이 비쳤다. "주여, 주께서 그들에게 큰 기쁨을 주셨고, 그들을 행복하게 하셨습니다. 사람들이 곡식을 거둘 때 기뻐하듯이, 그들이 주 앞에서 기뻐하며, 군인들이 전리품을 나눌 때 즐거워하듯이, 그들이 주 앞에서 즐거워합니다. 주께서 미디안을 치시던 날처럼, 그들을 내리누르던 멍에를 부수시고, 그들의 어깨를 짓누르던 통나무와 압제자의 몽둥이를 꺾으셨기 때문입니다. 침략자의 군화와 피묻은 군복이 모두 땔감이 되어서, 불에 타 없어질 것이기 때문입니다." 한 아기가 우리를 위해 태어났다. 우리가 한 아들을 모셨다. 그는 우리의 통치자가 될 것이다. 그의 이름은 '놀라우신 조언자', '전능하신 분', '영존하시는 아버지', '평화의 왕'이라고 불릴 것이다. (사 9:1~6)

묵상

오, 영원하시고 자비로우신 주님,

빛을 창조하시기 전 어둠을 허용하셨으나

어둠보다 밝게 빛을 만드시면서 낮뿐 아니라 밤까지 밝히신 주님,

제 영혼에 그림자가 드리워져 슬픔과 고독의 구름이 몰려올지라도

당신의 거룩한 이름을 찬양하고 감사하며

그 이름이 빛나기를 소원합니다.

당신께서는 성령의 빛을 주시어

어둠의 군주가 우리의 가장 어두운 밤,

우리의 가장 슬픈 생각을 유도할지라도 이를 빛으로 밝히십니다.

누구도 당신을 어쩌지 못하고, 방해할 수 없습니다.

당신의 자비로운 섭리가

우리가 지닌 병과 관련된 모든 것을 감싸셔서

우리가 완전한 어둠에 싸여 당신에 대한 무지,

또는 우리 자신에 대한 무관심에 빠지지 않게 하소서.

저를 그림자가 감쌀지라도 당신의 저항할 수 없는 빛의 능력,

당신의 위로 앞에 무릎 꿇게 하소서.

그림자들이 저를 정복할 때

저는 회복할 수 없는 어둠에 빠질 것입니다.

그 그림자를 물리치시어 저를 밝은 대낮 가운데 두소서.

— 존 던

나의 묵상

나의 기도

✲ 성서정과

사 62:6~12 / 시 97 / 딛 3:4~7 / 눅 2:8~20

주님께서 다스리시니, 온 땅아, 뛸 듯이 기뻐하여라.

많은 섬들아, 즐거워하여라. 구름과 흑암이 그를 둘러쌌다.

정의와 공평이 그 왕좌의 기초다.

불이 그 앞에서 나와서 에워싼 대적을 불사른다.

그의 번개가 세상을 번쩍번쩍 비추면, 땅이 보고서 두려워 떤다.

산들은 주님 앞에서, 온 땅의 주님 앞에서, 초처럼 녹아 버린다.

하늘은 그의 의로우심을 선포하고, 만백성은 그의 영광을 본다.

조각된 신상을 섬기는 자는 누구나 수치를 당할 것이며,

헛된 우상을 자랑하는 자들도 부끄러움을 당할 것이다.

모든 신들아, 주님 앞에 엎드려라.

주님, 주님이 공의로우심을 시온이 듣고 즐거워하며,

유다의 딸들이 기뻐 외칩니다.

주님, 주님은 온 땅을 다스리는 가장 높으신 분이시고,

어느 신들보다 더 높으신 분이십니다.

주님을 사랑하는 사람들아, 너희는 악을 미워하여라.

주님은 그의 성도를 지켜 주시며, 악인들의 손에서 건져 주신다.

빛은 의인에게 비치며,

마음이 정직한 사람에게는 즐거움이 샘처럼 솟을 것이다.

의인들아, 주님을 기뻐하여라.

주님의 거룩하신 이름에 감사를 드려라. (시 97)

묵상

그리스도인은 악행을 피해야 할 뿐만 아니라 선익을 추구해야 할 책임이 있습니다. 이 점을 우리는 흔히 잊고 삽니다. 그리스도인은 예수 성육신 교리를 통해 주님과 인간에 대해 동시에 책임을 질 의무가 있습니다. 주께서 인간이 되셨다면 그리스도인으로서 다른 인간의 운명에 무관심할 수가 없습니다. 그리스도가 육체를 지닌 '말씀'임을 믿는 사람은 모든 인간을 그리스도로 여겨야 한다는 사실을 믿게 됩니다. 모든 인간이 적어도 잠재적으로는 그리스도 신비의 일부이기 때문입니다. 우리는 그리스도의 제자로서 반드시 우리 형제를 지키는 사람이 되어야 합니다.

— 토머스 머튼

나의 묵상

나의 기도

✵ 성서정과

사 52:7~10 / 시 98 / 히 1:1~12 / 요 1:1~14

주께서 옛날에는 예언자들을 통하여, 여러 번에 걸쳐 여러 가지 방법으로 우리 조상들에게 말씀하셨으나, 이 마지막 날에는 아들을 통하여 우리에게 말씀하셨습니다. 그분께서는 이 아들을 만물의 상속자로 세우셨습니다. 그를 통하여 온 세상을 지으신 것입니다. 그는 아버지의 영광의 광채시요, 본체대로의 모습이십니다. 그는 자기의 능력 있는 말씀으로 만물을 보존하시는 분이십니다. 그는 죄를 깨끗하게 하시고서 높은 곳에 계신 존엄하신 분의 오른쪽에 앉으셨습니다. 그는 천사들보다 훨씬 더 높게 되셨으니, 천사들보다 더 빼어난 이름을 물려받으신 것입니다. … 또 이렇게 말하였습니다. "주여, 주께서는 태초에 땅의 기초를 놓으셨습니다. 하늘은 주님의 손으로 지으신 것입니다. 그것들은 없어질지라도, 주님께서는 영원히 존재하십니다. 그것들은 다 옷처럼 낡을 것이요, 주님께서는 그것들을 두루마기처럼 말아 치우실 것이며, 그것들이 다 옷처럼 변하고 말 것입니다. 그러나 주님께서는 언제나 같으시고, 주님의 세월은 끝남이 없을 것입니다." (히 1:1~12)

묵상

포도주는 나의 갈증을 해소하지만

포도주를 인간에게 주신 그분의 사랑으로부터

흘러나오는 것으로 보면 거룩한 천사들의 갈증도 해소됩니다.

당신이 천국에서 잠을 깨고 아버지의 궁전에 있는 자신을 발견하고

하늘과 땅과 공기를 천상의 기쁨으로 바라보는

아침을 맞이하기 전까지

당신은 결코 세상을 제대로 누리지 못합니다.

바다가 당신의 혈관에 흐를 때까지는,

당신은 결코 세상을 제대로 누리지 못합니다.

당신의 영혼이 온 세상을 가득 채우고

별들이 당신의 보석이 될 때까지는

당신이 행복해지기를 갈망하는 것만큼이나

타인이 행복하기를 갈망할 정도로 타인을 사랑하기 전까지,

주께서 모든 이를 선하게 대하심을 당신이 기뻐하기 전까지

당신은 결코 세상을 제대로 누리지 못합니다.

— 토머스 트라헌

나의 묵상

나의 기도

그리스도교 최초의 순교자
스데반 기념일

❋ 성서정과

역대하 24:20~22 / 시 119:161~168 / 행 7:51~60 / 마 23:34~39

그들은 이 말을 듣고 격분해서, 스데반에게 이를 갈았다. 그런데 스데반이 성령이 충만하여 하늘을 쳐다보니, 주의 영광이 보이고, 예수께서 그 분의 오른쪽에 서 계신 것이 보였다. 그래서 그는 "보십시오, 하늘이 열려 있고, 주님의 오른쪽에 인자가 서 계신 것이 보입니다" 하고 말하였다. 사람들은 귀를 막고, 큰 소리를 지르고서, 일제히 스데반에게 달려들어, 그를 성 바깥으로 끌어내서 돌로 쳤다. 증인들은 옷을 벗어서, 사울이라는 청년의 발 앞에 두었다. 사람들이 스데반을 돌로 칠 때에, 스데반은 "주 예수님, 내 영혼을 받아 주십시오" 하고 부르짖었다. 그리고 무릎을 꿇고서 큰 소리로 "주님, 이 죄를 저 사람들에게 돌리지 마십시오" 하고 외쳤다. 이 말을 하고 스데반은 잠들었다. (행 7:54~60)

묵상

그리스도인이 된다는 것은 십자가에 달린 분을 좇는 사람,
십자가에 달린 주님의 유기체에 접붙임을 받은 사람,
십자가를 짊어지는 사람이 된다는 것을 뜻합니다.
그리스도의 제자가 된다는 것은

과거의 한 사건을 흠모하거나 그 사건을 본받는 것 이상의 일입니다.

제자도는 그리스도의 수난과 죽음에 실제로 동참하는 것이며,

본회퍼의 유명한 표현처럼

'세상에서 주님의 무력함에 참여하는 일'입니다.

— 케네스 리치

나의 묵상

나의 기도

✲ 성서정과

출 33:7~11 / 시 117 / 요일 1:1~9 / 요 21:19하~24

우리가 그리스도에게서 들어서 여러분에게 전하는 소식은 이것이니, 곧 그분은 빛이시요, 그분 안에는 어둠이 전혀 없다는 것입니다. 우리가 주님과 사귀고 있다고 말하면서, 그대로 어둠 속에서 살아가면, 우리는 거짓말을 하는 것이요, 진리를 행하지 않는 것입니다. 그러나 주께서 빛 가운데 계신 것과 같이, 우리가 빛 가운데 살아가면, 우리는 서로 사귐을 가지게 되고, 그분의 아들 예수의 피가 우리를 모든 죄에서 깨끗하게 해주십니다. 우리가 죄가 없다고 말하면, 우리는 자기를 속이는 것이요, 진리가 우리 속에 없는 것입니다. 우리가 우리 죄를 자백하면, 그분께서는 신실하시고 의로우신 분이셔서, 우리 죄를 용서하시고, 모든 불의에서 우리를 깨끗하게 해주실 것입니다. 우리가 죄를 지은 일이 없다고 말하면, 우리는 그분을 거짓말쟁이로 만드는 것이며, 그분의 말씀이 우리 속에 있지 아니합니다. (요일 1:5~10)

묵상

"빛이 어둠 속에 왔으나 어둠은 이를 깨닫지 못했다." 빛이 왔습니다. 많은 빛 가운데 하나의 빛이 아닙니다. 이 빛은 '모든 빛 중의 빛'으로 유일한 빛을 말합니다. 이 빛은 모든 어둠을 사라지게 할 수 있습니다. 그리고 빛은 이를 알고 있습니다. 하지만, 어둠이 빛을 받아들여야만 했습니다. 진정한 빛이 되려면 어둠에게 자신을 강요하거나 무력으로 어둠을 정복할 수는 없습니다. 어둠의 게임을 다시 시작해 스스로 어둠이 되어버린다면 빛은 빛이기를 멈출 수밖에 없습니다. 어떤 강요도 없이 사랑으로 이겨내기 위해 빛은 고통받습니다. 예수의 삶은 그렇게 요약됩니다. 거기서 우리는 가장 심오한 사랑을 만납니다. '오너라. 하지만, 나는 너에게 강요하지 않는다. 나는 너에게 자유를 준다. 그러니, 이제 오너라.'

— 자끄 엘륄

나의 묵상

나의 기도

헤롯에게 죽임당한
죄없는 어린이들 기념일

성서정과

렘 31:15~20 / 시 124 / 고전 1:26~29 / 마 2:13~18

요셉이 일어나서, 밤 사이에 아기와 그 어머니를 데리고 이집트로 피신하여, 헤롯이 죽을 때까지 거기에 있었다. 이것은 주님께서 예언자를 시켜서 말씀하신 바, "내가 이집트에서 내 아들을 불러냈다" 하신 말씀을 이루시려는 것이었다. 헤롯은 박사들에게 속은 것을 알고, 몹시 노하였다. 그는 사람을 보내어, 그 박사들에게 알아 본 때를 기준으로, 베들레헴과 그 가까운 온 지역에 사는, 두 살짜리로부터 그 아래의 사내아이를 모조리 죽였다. 이리하여 예언자 예레미야를 시켜서 하신 말씀이 이루어졌다. "라마에서 소리가 들려왔다. 울부짖으며, 크게 슬피 우는 소리다. 라헬이 자식들을 잃고 우는데, 자식들이 없어졌으므로, 위로를 받으려 하지 않았다." (마 2:14~18)

묵상

위안이 있다면, 우리가 위안을 얻을 수 있다면 이는 한 아이의 죽음을 마주했을 때 우리가 보는 것은 주님의 얼굴이 아니라 원수의 얼굴이라는 것입니다. 이는 진실로 복된 지식이며 이보다 더 위대한 지식은 상상할 수 없습니다. 주님은 역사의 무수한 가닥을 모아 하나의 거대한 종합을 이루시지 않습니다. 그분은 역사의 많은 부분을 거짓되고 비난받아야 하는 것으로 심판하실 것입니다.

그분은 타락한 자연의 숭고한 논리를 드러내지 않고 피조물에게 고통을 안겨다 주는 족쇄를 끊어 버리실 것입니다. 그분은 어둠 속에서 고통받는 소녀가 흘린 눈물이 그 분의 나라를 이루는 데 필요한지를 보여주시기보다는 소녀를 일으켜 세우셔서 그녀의 눈에서 모든 눈물을 닦아 주실 것입니다. 그때는 죽음이 없고 슬픔도 울부짖음도 고통도 없을 것이다. 이전 것들이 다 사라져버렸기 때문입니다. 그때에 옥좌에 앉으신 분은 말씀하실 것입니다.

"보아라. 내가 모든 것을 새롭게 만든다."

— 데이비드 벤틀리 하트

나의 묵상

나의 기도

성서정과

요일 2:3~11 / 시 96:1~4 / 눅 2:22~35

사랑하는 여러분, 내가 여러분에게 써 보내는 것은, 새 계명이 아니라, 여러분이 처음부터 가진 옛 계명입니다. 그 옛 계명은 여러분이 들은 그 말씀입니다. 나는 다시 여러분에게 새 계명을 써 보냅니다. 이 새 계명은 주님께도 참되고 여러분에게도 참됩니다. 어둠이 지나가고, 참 빛이 벌써 비치고 있기 때문입니다. 빛 가운데 있다고 말하면서 자기 형제자매를 미워하는 사람은 아직도 어둠 속에 있습니다. 자기 형제자매를 사랑하는 사람은 빛 가운데 머물러 있으니, 그 사람 앞에는 올무가 없습니다. 자기 형제자매를 미워하는 사람은 어둠 속에 있고, 어둠 속을 걷고 있으니, 자기가 어디로 가는지를 알지 못합니다. 어둠이 그의 눈을 가렸기 때문입니다. (요일 2:7~11)

묵상

당신께서는 우리를 영원한 사랑으로 사랑하십니다.
당신께서는 우리를 용서하시고, 양육하시고, 견책하십니다.
당신께서는 우리를 자유롭게 하시고 거룩한 계명을 주십니다.
모든 상황 가운데 우리를 세우신 다음
우리를 쓰시겠다 말씀하십니다.

당신께서는 당신의 모습을 우리에게 보여주셔서

우리를 먹이시며 우리를 인도하십니다.

주님, 우리의 미미한 노력을 자비와 기쁨으로 받아주소서.

이렇게 변변찮은 우리를 용서해주소서.

그리하여 우리를 영원히 당신의 자유로운 종으로 삼아주소서.

— 이블린 언더힐

나의 묵상

나의 기도

성서정과

요엘 2:12~17 / 시 96:7~10 / 눅 2:36~40

아셀 지파에 속하는 바누엘의 딸로 안나라는 여예언자가 있었는데, 나이가 많았다. 그는 처녀 시절을 끝내고 일곱 해를 남편과 함께 살고, 과부가 되어서, 여든네 살이 되도록 성전을 떠나지 않고, 밤낮으로 금식과 기도로 주님을 섬겨왔다. 바로 이 때에 그가 다가서서 주께 감사를 드리고, 예루살렘의 구원을 기다리는 모든 사람에게 이 아기에 대하여 말하였다. 아기의 부모는 주님의 율법에 규정된 모든 일을 마친 뒤에, 갈릴리의 자기네 고향 동네 나사렛에 돌아왔다. 아기는 자라나면서 튼튼해지고, 지혜로 가득 차게 되었고, 또 주님의 은혜가 그와 함께 하였다. (눅 2:36~40)

묵상

삶 가운데 주어지는 기다림의 공간이 어느곳이든 모든 기다림을 인식하도록 합시다. 모든 순간을 가득 채워 기다림이라는 놀라운 경험을 하지 못하게 하는 유혹에서 벗어납시다. 주님께서 오시기를 기다리는 초대 그리스도인들과 함께 희망 속에 서서 기다립시다.

주님, 믿음과 사랑과 희망이 저희를 기다리고 있습니다.
저희가 그곳에서 당신을 만나게 하소서.

— 게일 피츠패트릭

나의 묵상

나의 기도

성서정과

요일 2:18~21 / 시 96:1, 11~13 / 요 1:1~18

어린이 여러분, 지금은 마지막 때입니다. 여러분이 그리스도의 적대자가 올 것이라는 말을 들은 것과 같이, 지금 그리스도의 적대자가 많이 생겼습니다. 그래서 우리는 지금이 마지막 때임을 압니다. 그들이 우리에게서 갔지만, 그들은 우리에게 속한 자들이 아니었습니다. 그들이 우리에게 속한 자들이었더라면, 그들은 우리와 함께 그대로 남아 있었을 것입니다. 그러나 결국에는 그들은 모두 우리에게 속한 자들이 아니라는 사실이 드러나게 되었습니다. 여러분은 거룩하신 분에게서 기름 부으심을 받아, 모든 것을 알고 있습니다. 여러분이 진리를 알지 못한다고 해서 여러분에게 내가 이렇게 써 보내는 것이 아닙니다. 오히려 여러분이 진리를 알고 있기 때문에, 그리고 또한 여러분이 거짓은 모두 진리에서 나오지 않는다는 것을 알고 있기 때문에 이렇게 써 보내는 것입니다. (요일 2:18~21)

묵상

우리는 모두 어떤 식으로든 우상숭배라는 독에서 자유롭지 못합니다. 인간인 이상, 인간을 옥죄는 조건을 물려받았기 때문입니다. 우리는 여전히 적들에 둘러싸여 있다는 두려움, 승자가 아니면 패자가 된다는 두려움, 동료 인간을 짓밟고 올라서야만 나의 안녕을 확보할 수 있다는 두려움에 사로잡혀 있습니다. 그러나 이러한 세계는 거짓 세계입니다. 세례는 바로 이 거짓 세계에서 우리를 벗어나게 합니다. 그러므로 우리는 폭포수 아래로 나아가 그곳에 서고, 또 서야 합니다. 이것이 우리의 소명입니다. 우리를 감싸고 있는, 우리의 온 존재 위로 쏟아져 내리는 폭포수를 우리는 도저히 측량할 수도, 움켜쥘 수도 없음을 기억해야 합니다. 거짓 세계에서 벗어나 진리 안에서 다시 태어나는 그 감각을 반복해서 기억해야 합니다. 다른 사람을 손가락질하고 심판하기 위해서가 아니라, 우리의 우상을 들춰내기 위하여. 우리를 옭아매 이 세계를 있는 그대로 보기보다 훨씬 편협하고 삭막한 세상으로 보게 만드는 그 우상을 폭로하기 위해서 말입니다.

— 로완 윌리엄스

나의 묵상

나의 기도

성서정과

민 6:22~27 / 시 8 / 갈 4:4~7 또는 빌 2:5~11 / 눅 2:15~2

그러나 기한이 찼을 때에, 주께서는 자기 아들을 보내셔서, 여자에게서 나게 하시고, 또한 율법 아래에 놓이게 하셨습니다. 그것은 율법 아래에 있는 사람들을 속량하시고, 우리로 하여금 자녀의 자격을 얻게 하시려는 것이었습니다. 그런데 여러분은 자녀이므로, 주님께서 그 아들의 영을 우리의 마음에 보내 주셔서 우리가 주님을 "아빠, 아버지"라고 부를 수 있게 하셨습니다. 그러므로 여러분 각 사람은 이제 종이 아니라 자녀입니다. 자녀이면, 주께서 세워 주신 상속자이기도 합니다. (갈 4:4~7)

묵상

여러분이 사람이며 죄인이라는 경고를 어떠한 경우에도 잊어버리지 않는다면 겸손은 여러분이 주님의 자녀로서 올바른 자리게 있도록 인도할 것입니다. 여러분이 가진 모든 것을 겸손한 마음으로 가꾸고 돌보십시오. 그리고 진실하십시오. 진실한 말은 사람을 선하게 할 뿐 아니라, 악에 빠지는 것도 막아줍니다. 주님은 당신을 찬양하는 이들의 듣기 좋은 기도보다 결백하고 진실한 기도를 더 좋아하시며, 달콤한 말로 바치는 이들의 기도보다 순수한 마음과 죄를 짓지 않는 이들의 기도에 더 귀를 기울이십니다. 여러분이 바라지 않더라도 사람들은 여러분을 온갖 듣기 좋은 말로 여러분을 치켜세우고 아첨하고 찬양할 것입니다. 하지만 달콤함만을 주는 사람은 없습니다. 달콤함 속에 숨겨진 불편한 진실을 늘 경계하십시오.

— 브라가의 마르티누스

나의 묵상

나의 기도

❊ 성서정과

요일 2:22~28 / 시 98:1~4 / 요 1:19~28

새 노래로 주님께 찬송하여라.

주님은 기적을 일으키는 분이시다.

오른손과 그 거룩하신 팔로 구원을 베푸셨다.

주님께서 베푸신 구원을 알려 주시고,

주님께서 의로우심을 뭇 나라가 보는 앞에서 드러내어 보이셨다.

이스라엘 가문에 베푸신 인자하심과 성실하심을 기억해 주셨기에,

땅 끝에 있는 모든 사람까지도

우리 하나님의 구원하심을 볼 수 있었다.

온 땅아, 소리 높여 즐거이 주님을 찬양하여라.

함성을 터뜨리며, 즐거운 노래로 찬양하여라. (시 98:1~4)

묵상

우리의 주인되시며 모든 좋은 선물을 주시는 분이시자

모든 축복의 원천이시여,

저희가 당신께서 베푸신 많은 축복을

지혜롭게 사용할 수 있도록 도와주소서.

또한 저희가 당신께서 주신 풍요로운 물질적 선물에 늘 감사하며,

절대로 이 선물에 저희 자신이 소유되는 일 없이,

오히려 이 선물을 더욱 위대한 당신 영광과

당신 나라를 위해 사용하게 하소서.

우리 주 예수 그리스도를 통하여 기도드립니다. 아멘.

— 그레고리 J. 풀런

나의 묵상

나의 기도

성서정과

요일 2:29~3:6 / 시 98:2~7 / 요 1:29~34

여러분이 주께서 의로우신 분임을 알면, 의를 행하는 사람은 누구나 다 주님에게서 났음을 알 것입니다. 아버지께서 우리에게 얼마나 큰 사랑을 베푸셨는지를 생각해 보십시오. 주께서 우리를 자기의 자녀라 일컬어 주셨으니 우리는 그분의 자녀입니다. 세상이 우리를 알지 못하는 까닭은 그분을 알지 못하기 때문입니다. 사랑하는 여러분, 이제 우리는 주님의 자녀입니다. 앞으로 우리가 어떻게 될지는 아직 밝혀지지 않았습니다만, 그리스도께서 나타나시면, 우리도 그와 같이 될 것임을 압니다. 그 때에 우리가 그를 참모습대로 뵙게 될 것이기 때문입니다. 그에게 이런 소망을 두는 사람은 누구나, 그가 깨끗하신 것과 같이 자기를 깨끗하게 합니다. 죄를 짓는 사람마다 불법을 행하는 사람입니다. 죄는 곧 불법입니다. 여러분이 아는 대로, 그리스도께서는 죄를 없애려고 나타나셨습니다. 그리스도는 죄가 없는 분이십니다. 그러므로 그리스도 안에 머물러 있는 사람마다 죄를 짓지 않습니다. 죄를 짓는 사람마다 그를 보지도 못한 사람이고, 알지도 못한 사람입니다. (요일 2:29~3:6)

묵상

누구도 사람을 절망시켜서는 안 됩니다. 그러나 우리는 우리의 절망

스러운 모습을 직시해야 합니다. 누구도 그분의 은총에 절망해서는 안 됩니다. 우리는 모든 세상과 모든 죄에도 불구하고 굳건하게 주님의 도우심을 믿어야 합니다. 그러나 자기 자신에 대해서는 철저하게 절망해야 합니다. 심지어 가장 작은 일을 할 때도 그렇습니다. 진실로 은총의 도움을 받는 인간은 단순한 인간 이상의 존재입니다. 주께서는 은총으로 인간에게 당신의 형상을 부여하시고, 당신처럼 빚어내십니다. 그러므로 인간은 인간 이상이 되어야 합니다. 이는 인간이 스스로 이를 이루는 것이 불가능하다는 것을 인정하고, 겸손하게 주님의 은총을 구할 때 시작됩니다. 오직 그럴 때 선한 일이 뒤따릅니다. 은총을 받으면, 당신은 자유의지를 지니게 됩니다. 그때 당신은 당신 안에 있는 것을 행하십시오.

— 마르틴 루터

나의 묵상

나의 기도

❊ 성서정과

요일 3:7~10 / 시 98:1, 8~9 / 요 1:35~42

자녀 된 이 여러분, 아무에게도 미혹을 당하지 마십시오. 의를 행하는 사람은 주님이 의로우신 것과 같이 의롭습니다. 죄를 짓는 사람은 악마에게 속해 있습니다. 악마는 처음부터 죄를 짓는 자이기 때문입니다. 그분의 아들이 나타나신 목적은 악마의 일을 멸하시려는 것입니다. 주께서 난 사람은 누구나 죄를 짓지 않습니다. 그분의 씨가 그 사람 속에 있기 때문입니다. 그는 죄를 지을 수 없습니다. 그가 주님에게서 났기 때문입니다. 주님의 자녀와 악마의 자녀가 여기에서 환히 드러납니다. 곧 의를 행하지 않는 사람과 자기 형제자매를 사랑하지 않는 사람은 누구나 주님께로부터 난 사람이 아닙니다. (요일 3:7~10)

묵상

주님께서는 타고난 의인보다 회개한 죄인을 사랑하십니다.

주님께서는 깨끗한 마음보다

죄를 슬퍼하는 마음을 사랑하십니다.

의인은 주님을 아는 능력이 있습니다.

그러나 의인의 눈에 비치는 주님은,

죄인이 느끼는 것과 같은 온전한 주님이 아닙니다.

죄를 씻어내시는 주님은

의를 기뻐하시는 주님보다도 큽니다.

— 우치무라 간조

나의 묵상

나의 기도

✵ 성서정과

요일 3:11~21 / 시 100 / 요 1:43~51

온 땅아, 주님께 환호성을 올려라.

기쁨으로 주님을 섬기고, 환호성을 올리면서, 그 앞으로 나아가거라.

너희는 주님이 주님이심을 알아라.

그가 우리를 지으셨으니, 우리는 그의 것이요,

그의 백성이요, 그가 기르시는 양이다.

감사의 노래를 드리며, 그 성문으로 들어가거라.

찬양의 노래를 부르며, 그 뜰 안으로 들어가거라.

감사의 노래를 드리며, 그 이름을 찬양하여라.

주님은 선하시며, 그의 인자하심 영원하다.

그의 성실하심 대대에 미친다. (시 100)

묵상

주님을 예배한다는 것은 곧 그분을 섬긴다는 의미입니다. 여기에는 두 가지 방법이 있습니다. 하나는 그분의 일을 대신하는 것입니다. 그분의 심부름을 한다든지, 메시지를 전한다든지, 그분의 편에서 싸운다든지, 그분의 양을 먹인다든지, 다른 하나는 내가 그분을 위해 해야 할 일을 하는 것입니다. 그분을 위해 찬송을 부른다든지, 아름다운 작품을 만든다든지, 나의 것을 포기하든지, 심중에 있는 생각을 털어놓는다든지, 그분 안에서 기뻐한다든지, 연인들이 상대를 위해 기꺼이 바보가 되듯이 그분을 위해 바보가 되는 것입니다. 퀘이커 예배든 가톨릭 미사든 장로교 가족 예배든 오순절파 집회든, 그 안에 기쁨과 바보스러운 요소가 없다면, 그 시간에 뭔가 다른 쓸모 있는 일을 하는 편이 나을 것입니다.

— 프레드릭 비크너

나의 묵상

나의 기도

1.6

성서정과

사 60:1~6 / 시 72:1~7, 10~14 / 엡 3:1~12 / 마 2:1~12

그 비밀의 내용인즉 이방 사람들이 복음을 통하여 그리스도 예수 안에서 유대 사람들과 공동 상속자가 되고, 함께 한 몸이 되고, 약속을 함께 가지는 자가 되는 것입니다. 나는 이 복음을 섬기는 일꾼이 되었습니다. 내가 이렇게 된 것은 주님께서 그분의 능력이 작용하는 대로 나에게 주신 그분의 은혜의 선물을 따른 것입니다. 주께서 모든 성도 가운데서 지극히 작은 자보다 더 작은 나에게 이 은혜를 주셔서, 그리스도의 헤아릴 수 없는 부요함을 이방 사람들에게 전하게 하시고, 만물을 창조하신 그분 안에 영원 전부터 감추어져 있는 비밀의 계획이 무엇인지를 모두에게 밝히게 하셨습니다. 그것은 이제 교회를 통하여 하늘에 있는 통치자들과 권세자들에게 주님의 갖가지 지혜를 알리시려는 것입니다. 이 일은, 주께서 우리 주 그리스도 예수 안에서 성취하신 영원한 뜻을 따른 것입니다. 우리는 그리스도를 믿음으로써, 그분 안에서 확신을 가지고, 담대하게 그분께 나아갑니다. (엡 3:6~12)

묵상

그리스도인의 삶에서 역설은, 그리스도인이 거룩해지면 거룩해질수록 점점 더 자신의 결핍을 절실히 깨닫게 되고 그리하여 주님의 긍휼에 전적으로 의지하게 된다는 것입니다. 그렇긴 하지만, 이상적 인격체는 주님의 소명을 성취함에 따라 모든 일에서 그리스도를 닮은 사람입니다. 수도원으로 부름 받았거나 세상으로 부름 받았거나, 가정을 세우도록 부름 받았거나, 독신으로 머무르도록 부름 받았거나, 육체노동으로 부름 받았거나, 사목직으로 부름 받았거나, 집에 있도록 부름 받았거나, 세계를 돌아다니도록 부름 받았거나 그는 자신의 최선을 다해 예수처럼 되기 위해 분투해야 합니다.

— 로드 드레허

나의 묵상

나의 기도

주여, 우리에게 오소서

- 대림절기를 위한 기도노트

초판 발행 | 2021년 11월 15일

지은이 | 비아 편집부

발행처 | 비아
발행인 | 이길호
편집인 | 김경문
편　집 | 민경찬 · 정다운 · 황윤하
제　작 | 김진식 · 김진현 · 이난영
재　무 | 강상원 · 이남구
마케팅 | 유병준 · 김미성
디자인 | 민경찬 · 손승우

출판등록 | 2020년 7월 14일 제2020-000187호
주　소 | 서울시 강남구 봉은사로 442 75th Avenue 빌딩 7층
주문전화 | 010-3210-7834
팩　스 | 02-395-0251
이메일 | timebooks@t-ime.com

ISBN | 979-11-91239-47-8 03230

* 값은 뒤표지에 있습니다. 잘못된 책은 구입하신 곳에서 바꾸어 드립니다.
* 비아는 ㈜타임교육C&P의 단행본 출판 브랜드입니다.